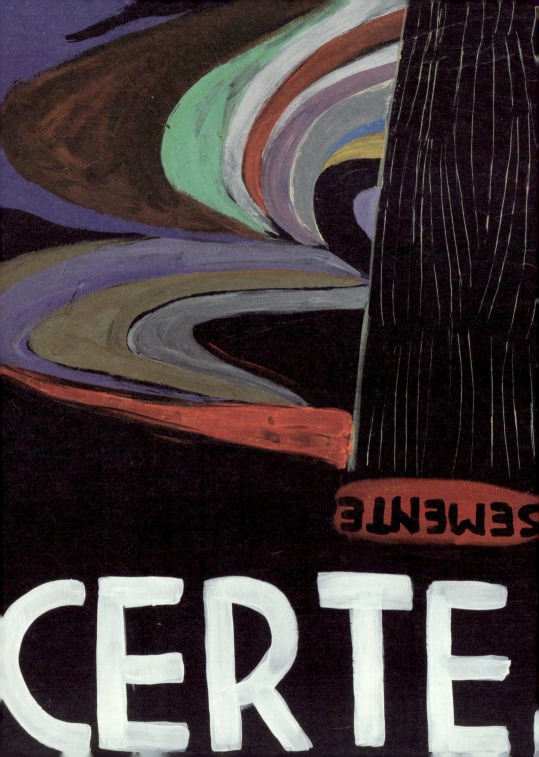

SILVIA FEDERICI

O PATRIARCADO DO SÁLARIO

VOLUME I

NOTAS SOBRE MARX, GÊNERO E FEMINISMO

TRADUÇÃO: HECI REGINA CANDIANI

Sumário

Introdução 15

1 Planejamento contraestratégico na cozinha (1975) 23

2 O capital e a esquerda (1975) 49

3 Gênero em *O capital*, de Marx 61

4 Marx, feminismo e a constituição dos comuns 89

5 A revolução começa em casa: repensando Marx, reprodução
   e luta de classes (2018) 127

6 Origens do trabalho doméstico na Inglaterra: a
   reconstrução da família proletária, trabalho doméstico
   e o patriarcado do salário 157

7 Notas sobre Marx e ecologia 173

Bibliografia 187

Índice remissivo 197

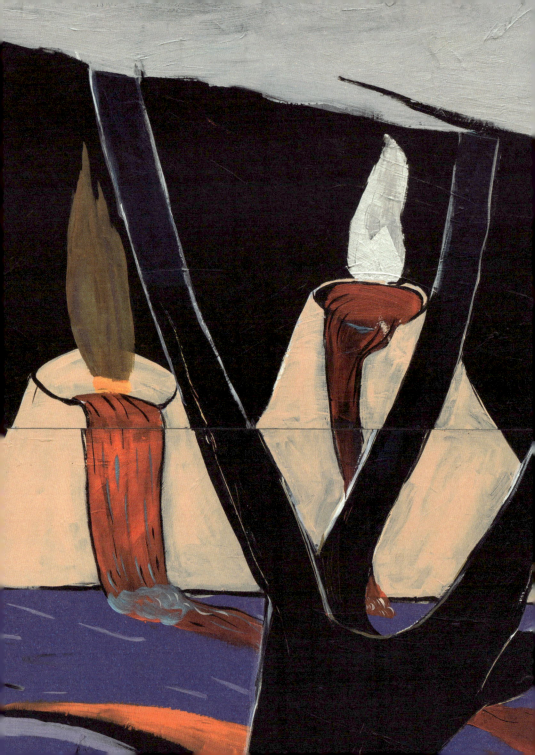

Introdução

O que significa, atualmente, repensar a relação entre marxismo e feminismo?

A pergunta é legítima, considerando-se a vasta bibliografia já existente sobre o tema. Ainda assim, como Shahrzad Mojab observou na introdução de *Marxism and Feminism* [Marxismo e feminismo][1], o problema da relação entre esses dois movimentos ainda não está resolvido. Como as conferências, os seminários e os artigos apresentados para celebrar o aniversário de 150 anos da publicação do Livro I de *O capital* demonstraram, para um grande número de marxistas ainda é difícil se distanciar de aspectos da obra de Marx incompatíveis com a luta por justiça social – a começar pela concepção excludente que ele tinha de trabalho e de sujeitos revolucionários, pelo modo como subestimava a importância das atividades reprodutivas e dos efeitos destrutivos do machismo e do racismo e por sua confiança no caráter "progressista" da ciência

---

[1] Shahrzad Mojab, "Introduction", em Shahrzad Mojab (org.), *Marxism and Feminism* (Londres, Zed, 2015).

e da indústria como produtoras das condições materiais para a transição ao comunismo.

Por sua vez, apesar de ser uma necessidade crescente entre os movimentos feministas emergentes mundo afora, a articulação do ponto de vista do feminismo anticapitalista também luta para se estabelecer. Para refletir sobre essas questões e sobre a relação entre marxismo e feminismo, reuni neste volume textos que escrevi nos anos 1970 e alguns mais recentes. Cada um representa um momento no desenvolvimento de um discurso feminista sobre Marx e, às vezes, uma tentativa de responder à indagação colocada por Mojab: como superar a "primeira grande divisão da história", unir "os dois principais projetos emancipatórios, marxismo e feminismo" e propiciar o "grande salto" que a política de nosso tempo exige[2].

Para realizar essa tarefa, o livro revisita uma série de pontos que têm estado no centro das críticas feministas a Marx. Primeiro, a questão do "trabalho", na condição de instrumento da acumulação capitalista e terreno do confronto entre a classe trabalhadora e o capital. O que permitiu a Marx e a seus seguidores e seguidoras pensar o trabalho apenas, ou antes, como trabalho industrial e assalariado? Por que, em sua análise do capitalismo, Marx ignorou as atividades que reproduzem a vida e a força de trabalho? Como argumento nos artigos incluídos neste volume, é pela redefinição do que constitui o trabalho que uma perspectiva feminista se mostra crucial, tornando visível uma série de atividades irredutíveis à mecanização, que são essenciais à vida e nas quais, ainda assim, o marxismo nunca tocou.

---

[2] Ibidem, p. 18.

Repensar o marxismo e o feminismo também significa colocar no centro da "luta de classes" a questão das divisões forjadas pelo capitalismo no interior do proletariado mundial, começando pelas discriminações sexual e racial, temas ausentes da obra de Marx. Em seus escritos e suas intervenções na Primeira Internacional, Marx denunciou tanto as relações patriarcais quanto o racismo. No entanto, não temos em sua obra uma análise da função dos diferentes regimes laborais e hierarquias criados pelo desenvolvimento capitalista, ao longo de sua história, com base nas relações raciais e de gênero. Ainda assim, um fator que permitiu ao capitalismo se reproduzir até nossos dias foi precisamente sua capacidade de mobilizar setores do proletariado como instrumentos de políticas racistas, machistas e favoráveis aos avanços da colonização.

Aliás, ao lado da discriminação racial, a habilidade dos homens de recuperar a força perdida no local de trabalho à custa das mulheres provavelmente evitou revoluções.

Aí, mais uma vez, a perspectiva feminista é essencial para uma análise do capitalismo, pois demonstra que, *assim como o racismo e o etarismo, o machismo é um elemento estrutural do desenvolvimento capitalista, uma força material a se interpor no caminho de qualquer transformação social verdadeira, que não pode ser derrotada (como Marx acreditava) pela entrada das mulheres nas fábricas e pelo trabalho ao lado dos homens, mas exige, em vez disso, que as mulheres se rebelem contra a dominação masculina e suas bases materiais.*

Em terceiro lugar, repensar a relação entre marxismo e feminismo é questionar o papel emancipatório que Marx e a tradição marxista atribuíram à ciência, à indústria e à tecnologia, cujo desenvolvimento Marx descreveu como "a missão histórica do capitalismo". Na verdade, ele acreditava que, com o imenso aumento da produtividade laboral, tão logo estivesse nas mãos da classe trabalhadora, a industrialização da produção reduziria a jornada dedicada ao trabalho necessário e liberaria nosso tempo e nossas energias para atividades mais importantes. Mas essa visão ignora que grande parte do "trabalho necessário" é de natureza tão emocional e interacional que impede a mecanização. Como vimos, apesar de algumas tentativas de atribuir a robôs o cuidado de crianças e outras formas de trabalho de cuidado, a industrialização de grandes áreas do trabalho reprodutivo ainda parece inalcançável e indesejável. Devemos acrescentar que, ao privilegiar o desenvolvimento industrial como condição necessária para a construção de uma sociedade baseada na justiça social, Marx e toda a tradição marxista subestimaram a destruição ecológica e social que a indústria produziria e o poder letal que ela daria à classe capitalista. No momento em que escrevo, incêndios queimam centenas de hectares de florestas na Califórnia, no Oregon e em outras regiões do mundo, oceanos estão sendo transformados em lixeiras, recifes de corais estão morrendo, plantações são envenenadas quimicamente, espécies animais são extintas, bem como culturas, línguas e populações, ao mesmo tempo que um novo processo de colonização está em curso para obter minerais imprescindíveis à digitalização da produção, levando novamente ao deslocamento em massa, ao constante estado de guerra e a uma perda imensurável de vidas humanas.

Em vez de produzirem a condição material para a sociedade comunista (como Marx supôs que aconteceria), a indústria e a tecnologia capitalistas estão destruindo a Terra e, simultaneamente, criando novas necessidades que dificultam pensarmos em "revolução" hoje – isso porque construir uma sociedade justa, caracterizada pela distribuição igualitária de riqueza natural e social, pode envolver a redução do acesso a instrumentos tecnológicos que estão se tornando indispensáveis a nossa vida.

Como reafirmo do começo ao fim deste trabalho, assumir uma postura crítica em relação a aspectos da teoria política de Marx não significa rejeitar sua obra nem deixar de reconhecer sua importância única. Marx nos deu a linguagem e as categorias necessárias para pensar o sistema capitalista e compreender a lógica que impulsiona sua reprodução crescente. Aliás, mesmo depois de todas as mudanças pelas quais o capitalismo passou desde a época do autor, hoje é difícil pensar na realidade social contemporânea e na luta pela libertação sem recorrer a *O capital* ou aos *Grundrisse*. Mas é inviável minimizar ou ignorar os aspectos problemáticos da perspectiva política de sua obra. É hora de reconhecer que Marx subestimou a resiliência e a capacidade destrutiva do desenvolvimento capitalista e priorizou a análise da produção capitalista ao mesmo tempo que negligenciou algumas das atividades mais importantes por meio das quais a vida é reproduzida[3].

Estamos descobrindo agora que o próprio Marx muitas vezes ficou inseguro em relação a suas teorias, motivo pelo qual não publicou os Livros II e III de *O capital* em vida e deixou várias versões revisadas de seus textos[4]. Também sabemos que, em seus últimos anos, ele reviu sua concepção de caminho para a revolução

---

[3] Aqui, reformulo o que Marcel van der Linden e Karl Heinz Roth escreveram na introdução de *Beyond Marx: Theorising the Global Labour Relations of the Twenty-First Century* (Boston, Brill, 2014), p. 9: "Precisamos registrar que Marx negligenciou analisar a classe trabalhadora em favor de estudar o capital".

[4] Ibidem, p. 7: "O Marx dos últimos tempos estava cada vez mais atormentado por dúvidas científicas sobre o rigor de sua abordagem conceitual e desistiu de publicar os Livros II e III de *O capital*, apesar de ter sido pressionado por todos os lados".

e aprendeu a valorizar as culturas e as conquistas de povos que viviam em uma fase pré-industrial, como as populações nativas das Américas[5]. Além disso, no prefácio de 1872 ao *Manifesto Comunista*, ele escreveu, junto com Engels, que (ao contrário da opinião por eles publicada originalmente, em 1848): "A Comuna de Paris demonstrou, especialmente, que 'não basta que a classe trabalhadora se apodere da máquina estatal para fazê-la servir a seus próprios fins'"[6].

É possível, portanto, que Marx também tivesse reconsiderado que a classe trabalhadora poderia se apoderar da tecnologia capitalista, voltá-la a propósitos positivos e, no devido tempo, compreendesse a importância do feminismo que ele, em vez disso, menosprezou como uma luta por direitos burgueses. Pois uma perspectiva e um movimento que confrontem o capitalismo com uma compreensão mais profunda das exigências da reprodução diária da vida são primordiais para a realização da essência revolucionária do marxismo.

---

[5] Ver Franklin Rosemont, "Karl Marx and the Iroquois", 2 jul. 2009. Disponível em: ‹http://libcom.org/library/karl-marx-iroquois-franklin-rosemont›; acesso em: 8 out. 2020.

[6] Ver Karl Marx e Friedrich Engels, *The Communist Manifesto* (org. Frederick Bender, Nova York/Londres, Norton, 2013), p. 48 [ed. bras.: *Manifesto Comunista*, trad. Álvaro Pina e Ivana Jinkings, São Paulo, Boitempo, 1998, p. 72]. Citado por Wayne Price, "A Fundamental Thesis of Revolution and the State. Can the State Be Used to Create Socialism?", *Anarkismo.net*, 14 nov. 2020. Disponível em: ‹http://www.anarkismo.net/article/32086›; acesso em: 2 dez. 2020.

Planejamento contraestratégico na cozinha (1975)[1]

Depois de Marx, fica evidente que o capital domina e se expande por meio do salário. O que deixa dúvida e não é admitido pelas organizações da classe trabalhadora é que a exploração de trabalhadoras e trabalhadores não assalariados também se estabeleceu por meio do salário. Essa exploração tem sido ainda mais eficaz porque a ausência de um salário a esconde. No que concerne às mulheres, nosso trabalho parece ser uma assistência pessoal, alheia ao capital[2].

Não é por acaso que, ao longo dos últimos meses, vários periódicos da esquerda têm publicado ataques à Wages for Housework*. A

---

[1] Este texto foi originalmente escrito, junto com Nicole Cox, em resposta ao artigo de Carol Lopate, "Women & Pay for Housework", *Liberation*, v. 18, n. 8, maio-jun. 1974, p. 8-11. Nossa resposta foi recusada pelo conselho editorial da revista.

[2] Mariarosa Dalla Costa, "Women and the Subversion of the Community", em Mariarosa Dalla Costa e Selma James (orgs.), *The Power of Women and the Subversion of the Community* (3. ed., Bristol, Falling Wall, 1975), p. 27-8.

* Wages for Housework (ou International Wages for Housework Campaign [Campanha Internacional por Salários para o Trabalho Doméstico]) é um movimento feminista fundado em Pádua, na Itália, em 1972. Partindo das discussões de Karl Marx sobre o capital, as mulheres do grupo desenvolveram ações e análises teóricas sobre como

esquerda percebe que a perspectiva do movimento tem implicações que vão além da "questão da mulher" e representa uma ruptura em sua política, passada e presente, tanto no que diz respeito às mulheres quanto no que diz respeito ao restante da classe trabalhadora. Na verdade, o sectarismo que a esquerda tem tradicionalmente demonstrado em relação às lutas das mulheres é consequência de sua compreensão limitada sobre o modo como o capitalismo domina e sobre a direção que nossa luta deve tomar para romper esse domínio.

Em nome da "luta de classes" e do "interesse de classe unificado", a esquerda elegeu alguns setores da classe trabalhadora como agentes revolucionários e condenou outros a um papel meramente secundário na luta travada por aqueles setores eleitos. *Dessa forma, a esquerda reproduziu, em seus objetivos organizacionais e estratégicos, a mesma desunião da classe trabalhadora que caracteriza a divisão capitalista do trabalho.* Quanto a isso, apesar da variedade de posições táticas, a esquerda é uma unidade. Quando se trata de escolher os sujeitos revolucionários, stalinistas, trotskistas, libertários, a antiga e a nova esquerda dão as mãos com as mesmas concepções de uma causa em comum.

As esquerdas nos oferecem "desenvolvimento"

Depois que a esquerda aceitou o salário como a linha divisória entre trabalho e não trabalho, produção e parasitismo, uma

---

o trabalho doméstico não assalariado, realizado majoritariamente por mulheres, é uma das bases de sustentação da sociedade capitalista. O movimento teve como fundadoras Mariarosa Dalla Costa (Itália), Selma James (Inglaterra), Brigitte Galtier (França) e Silvia Federici (Estados Unidos). (N. T.)

enorme parcela do trabalho não assalariado que as mulheres realizam dentro de casa para o capital passou despercebida das análises e estratégias de esquerda. De Lênin a Gramsci, toda a tradição da esquerda concordou com a "marginalidade" do trabalho doméstico para a reprodução do capital e com a marginalidade da dona de casa para a luta revolucionária. Para a esquerda, na condição de donas de casa, as mulheres não sofrem por causa da evolução capitalista, mas pela ausência dela. Nosso problema, ao que parece, é que o capital não organizou nossas cozinhas e nossos quartos, o que gera uma dupla consequência: a de que nós aparentemente trabalhamos em um estágio pré-capitalista e a de que qualquer coisa que façamos nesses espaços é irrelevante para a transformação social. Pela lógica, se o trabalho doméstico é externo ao capital, nossa luta nunca causará sua derrocada.

Por que o capital permitiria a sobrevivência de uma parcela tão grande de trabalho improdutivo não é uma questão que a esquerda, confiante na irracionalidade do capital e em sua incompetência de planejamento, tenha colocado. Desse modo, o resultado de uma análise que enxerga a opressão das mulheres como resultado de sua exclusão das relações capitalistas é uma estratégia que defende que integremos essas relações, em vez de as destruirmos. Nesse sentido, existe uma correlação imediata entre a estratégia da esquerda para as mulheres e sua estratégia para o "Terceiro Mundo". Da mesma forma que as esquerdas querem levar as mulheres para as fábricas, elas também querem levar as fábricas para o "Terceiro Mundo". Nos dois casos, pressupõe-se que as "subdesenvolvidas" – isto é, aquelas de nós que não recebem salário e trabalham em um nível de desenvolvimento tecnológico inferior – são atrasadas em relação à "verdadeira classe trabalhadora" e que esta só pode ser alcançada por meio do acesso a uma forma mais avançada de exploração capitalista, a uma participação maior no trabalho fabril. Nos dois casos, a luta que as esquerdas oferecem a pessoas não assalariadas, "subdesenvolvidas", não é a luta contra o capital, mas a luta a favor de formas de trabalho capitalista mais racionalizadas, mais produtivas. Em nosso caso, elas não nos oferecem apenas o "direito de trabalhar" (isso elas oferecem a todo trabalhador ou trabalhadora), e sim o direito de trabalhar mais, ou seja, o direito de sermos mais exploradas.

Uma nova frente de luta

O alicerce político da Wages for Housework é precisamente a recusa dessa ideologia capitalista que equipara a falta de salário e o baixo desenvolvimento tecnológico ao atraso político, à falta de poder e à necessidade de sermos reguladas pelo capital como precondição para podermos nos organizar. É nossa recusa em aceitar que, como não somos assalariadas ou trabalhamos em um nível tecnológico inferior (e essas duas condições estão profundamente associadas), nossas necessidades devem ser diferentes daquelas do restante da classe trabalhadora. Nós nos recusamos a aceitar que um homem, trabalhador da indústria automobilística, possa lutar contra a linha de montagem, enquanto nós, a partir de nossas cozinhas nas grandes cidades ou nas cozinhas e nos campos do "Terceiro Mundo", devemos ter como objetivo o trabalho fabril que atualmente a mão de obra de todo o mundo está recusando. Nossa rejeição da ideologia de esquerda é exatamente igual a nossa rejeição das relações capitalistas, independentemente da forma que estas assumem. É inerente a essa rejeição redefinir o que é capital e quem é a classe trabalhadora, ou seja, reavaliar as forças e as necessidades de classe.

A Wages for Housework, portanto, não lida apenas com mais uma demanda entre tantas outras; trata-se de uma perspectiva política que abre uma nova frente de luta, começando com as mulheres, mas voltada a toda a classe trabalhadora[3]. Isso deve ser enfatizado, já que a redução da Wages for Housework a uma demanda é um elemento comum dos ataques da esquerda ao movimento, uma forma de desacreditá-lo para não enfrentar as questões políticas que ele levanta. Nesse sentido, o artigo "Women and Pay for Housework" [Mulheres e remuneração pelo trabalho doméstico], de Lopate, é mais um exemplo de redução, distorção e anulação. O próprio título "Pay for Housework" representa o problema equivocadamente, porque ignora que um salário não é apenas um valor em dinheiro, mas a expressão primária da relação de forças entre o capital e a classe trabalhadora.

Um modo mais sutil de desacreditar a Wages for Housework é alegar que sua perspectiva é importada da Itália e não pode ser relevante para a situação dos Estados Unidos, onde as mulheres "efetivamente trabalham"[4]. Tem-se aí mais um exemplo de informação incorreta. O texto *Power of Women and the Subversion of the Community* [A força das mulheres e a subversão da comunidade] –

---

[3]   Silvia Federici, *Wages against Housework* (Bristol, Power of Women Collective/Falling Wall, 1975) [ed. bras.: "Salários contra o trabalho doméstico (1975)", em *O ponto zero da revolução: trabalho doméstico, reprodução e luta feminista*, trad. Coletivo Sycorax, São Paulo, Elefante, 2019, p. 40-54].

[4]   "A demanda de pagamento pelo trabalho doméstico vem da Itália, onde uma maioria esmagadora de mulheres de todas as classes ainda permanece em casa. Nos Estados Unidos, mais da metade de todas as mulheres efetivamente trabalha." Carol Lopate, "Women & Pay for Housework", cit., p. 9.

única fonte citada por Lopate – mostra o contexto internacional no qual essa perspectiva nasceu. Além do mais, traçar as origens geográficas da Wages for Housework é irrelevante no presente estágio da integração internacional do capital. O que importa é sua gênese política: *a recusa de enxergar o trabalho e a exploração apenas diante da presença de salário*. É a recusa da distinção entre as mulheres "que trabalham" e mulheres que são "apenas donas de casa", distinção essa que implica que o trabalho doméstico não é trabalho e que apenas nos Estados Unidos as mulheres trabalham e lutam porque muitas delas têm um segundo emprego. Mas não enxergar o trabalho das mulheres em casa porque ele não é assalariado significa ignorar que o capital estadunidense foi acumulado com base no trabalho escravo, bem como no assalariado, e, até a presente data, se desenvolve com base no trabalho não assalariado de milhões de mulheres e homens nos campos, nas cozinhas e nas prisões dos Estados Unidos e de todo o mundo.

O trabalho oculto

Comecemos por nós mesmas, que, como mulheres, percebemos que o trabalho para o capital não resulta necessariamente em um contracheque nem principia ou termina nos portões da fábrica. Assim que erguemos a cabeça das meias que cerzimos e das refeições que preparamos e olhamos para a totalidade de nossa jornada de trabalho, vemos que, embora ela não resulte em salário, nosso esforço gera o produto mais precioso do mercado capitalista: a força de trabalho. O trabalho doméstico, na verdade, é muito mais que a limpeza da casa. É servir à mão de obra assalariada em termos físicos, emocionais e sexuais, prepará-la para batalhar dia após dia por um salário. É cuidar de nossas crianças – futura mão de obra –, ajudá-las desde o nascimento e ao longo de seus anos escolares e garantir que elas também atuem da maneira que o capitalismo espera delas. Isso significa que por trás de cada fábrica, cada escola, cada escritório ou mina existe o trabalho oculto de milhões de mulheres, que consomem sua vida reproduzindo a vida de quem atua nessas fábricas, escolas, escritórios e minas[5].

A disponibilidade de mão de obra bem disciplinada é condição essencial para a produção em todos os estágios do desenvolvimento capitalista. É por isso que, até hoje, tanto nos países "desenvolvidos" como nos "subdesenvolvidos", o trabalho doméstico e a família são os pilares da produção capitalista. As condições do nosso trabalho variam de país para país. Em alguns, somos forçadas a intensificar a produção de crianças; em outros, nos dizem para não nos reproduzirmos, sobretudo se formos negras ou recebermos auxílio social do Estado, caso contrário, corremos o risco de reproduzir "desajustados". Em alguns países, produzimos força de trabalho não especializada para os campos; em outros, a demanda é especializada e técnica. Em todos os países, contudo, a função que exercemos para o capital é a mesma. Conseguir um emprego assalariado nunca nos liberou do trabalho doméstico. Ter

---

[5] Mariarosa Dalla Costa, "Community, Factory and School from the Woman's Viewpoint", em *L'Offensiva: quaderni di lotta femminista*, n. 1 (Turim, Musolini, 1972): "A comunidade é essencialmente o lugar da mulher, no sentido de que é nela que as mulheres estão presentes e despendem diretamente seu trabalho. Mas a fábrica é o lugar que incorpora o trabalho das mulheres que não estão ali presentes e transferiram seu trabalho aos homens que são os únicos ali presentes. Da mesma forma, a escola incorpora o trabalho de mulheres que não estão ali presentes, mas que transferiram seu trabalho a estudantes que retornam todas as manhãs depois de receber alimentação, cuidado e roupas passadas por suas mães".

dois empregos só significou contar com menos tempo e energia para a luta. Além disso, trabalhando em período integral dentro ou fora de casa, casadas ou solteiras, temos de dedicar horas de trabalho na reprodução de nossa força de trabalho – e conhecemos a tirania especial dessa tarefa, já que um vestido bonito e um belo penteado são condições para conseguir um emprego, seja no mercado de casamentos, seja no mercado do trabalho assalariado. Portanto, duvidamos de Lopate quando ela nos diz que, nos Estados Unidos,

> escolas, berçários, creches e televisão tiraram das mães muita da responsabilidade pela socialização de suas crianças [e que] a diminuição do tamanho das casas e a mecanização do trabalho doméstico significaram que a dona de casa pode dispor de um tempo muito maior de lazer.[6]

Entre outras coisas, creches e berçários nunca liberaram qualquer tempo para nós mesmas, apenas para mais trabalho. Quanto à tecnologia, é precisamente nos Estados Unidos que podemos mensurar a lacuna entre a tecnologia socialmente disponível e a que pinga em nossas cozinhas. É a condição de exercer um trabalho não assalariado que determina a quantidade e a qualidade da tecnologia que obtemos. "Se você não é paga por hora, dentro de certos limites, ninguém se importa com o tempo que você leva para fazer seu trabalho."[7] A situação dos Estados Unidos prova, no mínimo, que nem a tecnologia nem um segundo emprego podem libertar as mulheres do trabalho doméstico e que:

> Produzir um trabalhador ou trabalhadora da área técnica não é uma alternativa menos extenuante que produzir quem exerça um trabalho

---

[6] Carol Lopate, "Women & Pay for Housework", cit., p. 9.

[7] Mariarosa Dalla Costa, "Women and the Subversion of the Community", cit., p. 28-9.

não especializado se, entre essas duas tarefas, não se colocar a recusa das mulheres a trabalhar de graça, seja qual for o nível tecnológico de realização desse trabalho, e a recusa das mulheres a viver para produzir, seja qual for o tipo específico de criança a ser produzido.[8]

Dizer que o trabalho que executamos em casa é produção capitalista não é expressar um desejo de ser legitimada como parte das "forças produtivas". Ser produtiva só é uma virtude moral, para não dizer um imperativo moral, sob a perspectiva capitalista. Na perspectiva da classe trabalhadora, ser produtiva significa apenas ser explorada. "Ser trabalhador produtivo não é, portanto, uma sorte, mas um azar", escreveu Marx[9]. E, por isso, extraímos pouca "autoestima"[10] dessa condição. Mas, quando dizemos que o trabalho doméstico – que ainda é a forma básica de nossa identificação como mulheres – é um momento da produção capitalista, esclarecemos nossa função na divisão capitalista do trabalho, bem como as formas específicas que nossa luta deve assumir. Nossa força não vem do reconhecimento, por parte de alguém, de nosso lugar no ciclo de produção. Não é a produção que tem sido sempre o fator decisivo na distribuição social da riqueza, mas a força para detê-la. Quando dizemos que produzimos capital, dizemos que queremos destruí-lo, em vez de lutar uma batalha perdida para sair de uma forma de exploração e entrar em outra.

---

[8] Idem, "Community, Factory and School from the Woman's Viewpoint", cit.

[9] Karl Marx, *Capital*, v. I (Londres, Penguin, 1990), p. 644 [ed. bras.: *O capital. Crítica da economia política*, Livro I: *O processo de produção do capital*, trad. Rubens Enderle, São Paulo, Boitempo, 2011, p. 578].

[10] Carol Lopate, "Women & Pay for Housework", cit., p. 9: "Talvez as mulheres precisem ser assalariadas a fim de alcançar a autossuficiência e a autoestima que são os primeiros passos na direção da paridade".

Também devemos explicitar que não estamos "adotando categorias do universo marxista"[11]. Talvez Marx nunca tenha tratado diretamente do trabalho doméstico. Ainda assim, somos menos ávidas por nos libertarmos de Marx que Lopate, já que ele nos ofereceu uma análise que é insubstituível para compreendermos como atuamos na sociedade capitalista. Também suspeitamos que a aparente indiferença de Marx em relação ao trabalho doméstico possa estar assentada em fatores históricos. Com isso, não nos referimos apenas à dose de machismo que Marx compartilhou com seus contemporâneos (e não apenas com eles). Na época em que estava escrevendo, a família proletária centrada no trabalho doméstico ainda estava por ser criada[12]. O que Marx tinha diante de seus olhos eram comunidades proletárias nas quais as mulheres eram plenamente empregadas, junto com os maridos e as crianças, cada membro da família passando quinze horas por dia na fábrica ou em outros territórios de trabalho industrial, e não havia tempo ou espaço para a "vida familiar". Foi apenas depois que terríveis epidemias e o excesso de trabalho dizimaram a classe trabalhadora e, mais importante, depois que as ondas de lutas proletárias, durante os anos 1830 e 1840, aproximaram a Inglaterra da revolução que a necessidade de mão de obra mais estável e disciplinada levou o capital a reconstituir a família da classe trabalhadora. Toda uma série de fenômenos indica que, longe de ser uma estrutura pré-capitalista, a família, como a conhecemos no Ocidente, é uma invenção do capital para o capital,

---

[11] Ibidem, p. 11.

[12] No momento, estamos estudando o nascimento da família nuclear como um estágio das relações capitalistas. Ver o capítulo "A revolução começa em casa".

uma instituição que deve garantir a quantidade e a qualidade da força de trabalho e seu controle. Dessa forma,

> como o sindicato, a família protege o trabalhador e a trabalhadora, mas também garante que ele e ela nunca serão nada além de mão de obra. E é por isso que a luta da mulher da classe trabalhadora contra a família é crucial.[13]

Nossa condição de não assalariadas como disciplina

A família é, em essência, a institucionalização de nosso trabalho não assalariado, de nossa dependência não assalariada dos homens e, portanto, a institucionalização de uma divisão no interior da classe trabalhadora que disciplinou também os homens. Pois nossa condição de não assalariadas, nossa dependência econômica, manteve os homens presos a seus empregos, garantindo que, se quisessem recusar trabalho, seriam confrontados com a esposa e as crianças que dependiam de seu salário. Eis a base daqueles "velhos hábitos – dos homens e nossos" que Lopate considerou tão difíceis de romper. Não por acaso é difícil para um homem "solicitar escalas especiais para que possa se envolver de forma proporcional no cuidado das crianças"[14].

Um dos motivos pelos quais os homens não encontram jornadas de meio período é que o salário deles é crucial para a sobrevivência

---

[13] Mariarosa Dalla Costa, "Women and the Subversion of the Community", cit., p. 41.

[14] Carol Lopate, "Women & Pay for Housework", cit., p. 11: "A maioria de nós, mulheres, que lutou ao longo da vida por essa reestruturação, caiu frequentemente em desespero. Primeiro, existiam velhos hábitos – dos homens e nossos – a ser rompidos. Segundo, havia os problemas concretos da época [...]. Perguntem a qualquer homem como era difícil para ele encontrar jornadas de meio período ou solicitar escalas especiais para que pudesse se envolver de forma proporcional no cuidado das crianças!"

da família, mesmo quando a mulher leva para casa um segundo salário. E se "nos descobrimos preferindo ou encontrando empregos menos desgastantes, que nos deixaram mais tempo para o cuidado da casa"[15], é porque resistimos a uma exploração intensificada, a sermos exauridas na fábrica e depois sermos exauridas mais depressa ainda em casa. Também sabemos que nossa condição de não assalariadas em casa é a principal causa de nossa fragilidade no mercado de trabalho. Não é por acaso que conseguimos os empregos de remuneração mais baixa e que, quando as mulheres entram em um setor da economia, os salários dos homens diminuem. Contratantes sabem que estamos acostumadas a trabalhar a troco de nada e que estamos tão desesperadas por algum dinheiro próprio que podem nos admitir por um preço baixo. Mais ainda, o fato é que o trabalho doméstico não assalariado deu a esse esforço socialmente imposto um aspecto natural ("feminilidade") que nos afeta em todos os lugares para onde vamos e em tudo o que fazemos. Como trabalho doméstico e feminilidade se mesclaram, carregamos para qualquer emprego que ocupamos essa identidade e as "habilidades domésticas" adquiridas desde o nascimento. Isso significa que a estrada rumo ao salário quase sempre nos conduz a mais trabalho doméstico. Portanto, não precisamos que nos digam que "o aspecto essencial a ser lembrado é que somos um SEXO"[16]. Por anos, o capital nos disse que servimos apenas para o sexo e para fazermos bebês. Essa é a divisão sexual do trabalho, e nos recusamos a eternizá-la, como acontece, necessariamente, quando perguntamos: "O que significa realmente ser mulher; quais, se é

---

[15] Idem.

[16] Idem. "O aspecto essencial a ser lembrado é que somos um SEXO. Essa é, de fato, a única palavra elaborada até agora para descrever nossos atributos comuns."

que existe alguma, são as qualidades especiais que aderem necessariamente e para todo o sempre a essa característica?"[17]. Colocar essas questões é implorar por uma resposta sexista e racista. Quem pode dizer quem somos? Tudo o que descobrimos, até agora, é quem não somos, à medida que nos fortalecemos para romper com a identidade que nos é imposta. É a classe dominante, ou aquelas que aspiram dominar, que pressupõe uma personalidade humana natural e eterna, para eternizar seu poder sobre nós.

A glorificação da família

Não surpreende, portanto, que a busca de Lopate pela essência da feminilidade a conduza a uma glorificação gritante de nosso trabalho doméstico não remunerado.

> A casa e a família têm tradicionalmente oferecido o único interstício da vida capitalista, no qual as pessoas têm a possibilidade de atender às necessidades de amor e cuidado umas das outras, ainda que por medo e dominação. Pais e mães cuidam das crianças, ao menos em parte, por amor [...]. Acho até que essa lembrança permanece conosco enquanto crescemos, de modo que sempre guardamos em nós, como uma espécie de utopia, que o trabalho e o cuidado vêm do amor em vez de serem baseados na retribuição financeira.[18]

As publicações dos movimentos de mulheres têm mostrado os efeitos devastadores que esse amor, o cuidado e o serviço tiveram sobre as mulheres. Essas são as correntes que nos aprisionam a uma condição próxima à da escravidão. Nós nos recusamos, portanto, a

---

[17] Idem.

[18] Ibidem, p. 10.

elevar ao nível de utopia a aflição de nossas mães e avós e nossa própria aflição quando crianças! Pois quando o Estado não paga um salário, são elas, amadas e cuidadas, que precisam pagar com a vida. Também recusamos a sugestão de Lopate de que pedir uma retribuição "serviria apenas para nos ocultar ainda mais as possibilidades de trabalho livre e não alienado"[19], o que significa que a forma mais rápida de "desalienar" o trabalho é fazê-lo de graça. Não há dúvidas de que [a classe capitalista] apreciaria essa sugestão. O trabalho voluntário no qual o Estado moderno se assenta é baseado nessa distribuição generosa de nosso tempo. Entretanto, nos parece que se, em vez de confiar no amor e no cuidado, nossas mães tivessem recebido uma remuneração financeira, elas teriam sido bem menos amargas, menos dependentes, menos chantageadas e menos chantagistas com suas crianças, que eram constantemente recordadas dos sacrifícios maternos feitos em nome delas. Nossas mães teriam tido mais tempo e força para lutar contra o trabalho que realizavam e nos teriam deixado em um estágio mais avançado dessa luta.

A essência da ideologia capitalista é glorificar a família como "esfera privada", a última fronteira na qual homens e mulheres "mantêm viva a alma"[20], e não é de admirar que essa ideologia goze de uma popularidade renovada entre responsáveis pelo planejamento capitalista neste tempo de "crise", "austeridade" e "adversidade". Como Russell Baker afirmou recentemente no jornal *The New York Times*[21], o amor nos manteve aquecidos

---

[19] Idem. "A eliminação de uma vasta área da vida capitalista na qual as transações não têm todas valor de troca serviria apenas para nos ocultar ainda mais as possibilidades de trabalho livre e não alienado."

[20] Idem. "Acredito que seja no mundo particular que cada um mantém viva a alma [...]."

[21] Russell Baker, "Love and Potatoes", *The New York Times*, 25 nov. 1974.

durante a Grande Depressão e deveríamos levá-lo conosco em nossa incursão atual por tempos difíceis. Essa ideologia, que contrapõe a família (ou a comunidade) à fábrica, o pessoal ao social, o privado ao público, o trabalho produtivo ao improdutivo, é útil a nossa escravização dentro de casa, e esta, por não ser assalariada, sempre pareceu um ato de amor. Essa ideologia está profundamente arraigada na divisão capitalista do trabalho, que encontra uma de suas expressões mais claras na organização da família nuclear. Mas o modo como a relação assalariada mistificou a função social da família é uma variante ampliada do modo como o capital mistifica o trabalho assalariado e a subordinação de todas as relações sociais à "lógica monetária".

Marx explicou há muito tempo que o salário esconde todo o trabalho não pago que se transforma em lucro. Mas medir o trabalho pelo salário também esconde até que ponto nossas relações sociais têm sido subordinadas às relações de produção, até que ponto cada instante da existência funciona para a produção e a reprodução do capital. *O salário, na verdade (e isso inclui a falta dele), permitiu ao capital ocultar a duração real de nossa jornada de trabalho.* O trabalho aparece como um compartimento da vida que acontece apenas em certas áreas. O tempo que gastamos na fábrica social, nos preparando para trabalhar ou indo para o trabalho, recuperando "músculos, nervos, ossos e cérebro"[22] com refeições rápidas, sexo rápido, filmes etc., tudo isso aparece como lazer, tempo livre, escolha individual.

---

[22] Karl Marx, *Capital*, v. I, cit., p. 572 [ed. bras.: *O capital*, Livro I, cit., p. 647].

Diferentes mercados de trabalho

O capital também usa o salário para ocultar quem é a classe trabalhadora, e isso atende à necessidade capitalista de dividir para dominar. Por meio da relação salarial, o capital não apenas organizou diferentes mercados de trabalho (um mercado de trabalho para pessoas negras, mulheres, jovens e homens brancos), mas também contrapôs a "classe trabalhadora" ao proletariado "não trabalhador", supostamente parasita do trabalho da primeira. Por recebermos auxílio social do Estado, nos dizem que vivemos dos impostos da "classe trabalhadora"; como donas de casa, somos constantemente retratadas como o poço sem fundo dos contracheques de nossos maridos. Mas, ultimamente, a fragilidade social das pessoas não assalariadas é a fragilidade de toda a classe trabalhadora em relação ao capital. Como a história da fuga industrial* demonstra, a existência de uma reserva de trabalho não assalariado – tanto nos países "subdesenvolvidos" como nas metrópoles – permite que o capital abandone áreas onde o trabalho se tornou muito caro, enfraquecendo o poder conquistado por trabalhadores e trabalhadoras desses locais. Sempre que não pôde fugir para o "Terceiro Mundo", o capital abriu as portas das fábricas para as mulheres, as pessoas negras e a juventude ou para imigrantes do "Terceiro Mundo". Não é por acaso que, embora o capital se baseie no trabalho assalariado, mais de metade da população mundial ainda não é assalariada. A condição de não remuneração assalariada e o subdesenvolvimento são elementos essenciais do planejamento

---

* No original, *runaway shop*, expressão que designa indústrias que mudam constantemente de endereço a fim de escapar aos termos de acordos sindicais ou exigências previstas em leis locais. (N. T.)

capitalista, tanto nacional como internacionalmente. São meios poderosos de obrigar trabalhadores e trabalhadoras a competir no mercado de trabalho nacional e internacional e de nos fazer acreditar que nossos interesses são diferentes e contraditórios[23].

Aí estão as bases ideológicas do machismo, do racismo e do welfarismo (a depreciação dos trabalhadores e trabalhadoras que tiveram êxito em obter algum dinheiro do Estado), que são expressões diretas dos diferentes mercados de trabalho e, portanto, das diferentes formas de regular e dividir a classe trabalhadora. Se ignorarmos esse uso da ideologia capitalista e suas raízes na relação salarial, acabamos não apenas considerando o racismo, o machismo e o welfarismo doenças morais, consequências de uma "educação inadequada" e da "falsa consciência", como ficamos confinadas a uma estratégia de "educação" que não nos deixa nada além de "imperativos morais para sustentar nosso lado"[24].

Enfim, concordamos com Lopate quando ela diz que nossa estratégia nos exime da dependência de que os homens sejam "bons" para alcançarmos a libertação. Como a luta das pessoas negras nos anos 1960 mostrou, não foi por meio de belas palavras, mas pela organização de sua força, que as comunidades negras fizeram com que suas necessidades fossem "compreendidas". Em nosso caso, tentar educar os homens sempre significou que nossa luta foi privatizada e travada na solidão de nossas cozinhas e nossos quartos. Ali, não pudemos encontrar a força para enfrentar o capital. A força educa. Primeiro, os homens terão medo, depois vão

---

[23] Ver Selma James, *Sex, Race and Class* (Bristol, Falling Wall/Race Today, 1975), reeditado como pós-escrito em Selma James (org.), *Sex, Race and Class: The Perspective of Winning – A Selection of Writings, 1952-2011* (Oakland, PM, 2012), p. 92-101.

[24] Carol Lopate, "Women & Pay for Housework", cit., p. 11.

aprender, porque o capital terá medo. Pois não estamos lutando por uma redistribuição mais igualitária do mesmo trabalho: estamos lutando para colocar um fim nesse trabalho e dar o primeiro passo para precificá-lo.

Demandas salariais

Como mulheres, nossa força começa com a luta social pelo salário, não para podermos entrar na relação assalariada (embora não sejamos assalariadas, nunca estivemos fora dessa relação), mas para podermos sair dela, para que todos os setores da classe trabalhadora possam sair dela. Aqui, precisamos esclarecer a natureza das lutas salariais. Quando a esquerda sustenta que as demandas salariais são "demandas econômicas", "sindicais", ela ignora que o salário, bem como a falta dele, é a medida de nossa exploração e a expressão direta da relação de poder entre capital e classe trabalhadora e no interior desta. Também ignora que a luta salarial assume formas diversas e não está circunscrita ao aumento dos salários. A redução da jornada de trabalho, serviços sociais melhores e mais numerosos, bem como o dinheiro – todas essas coisas representam ganhos salariais que determinam quanto poder temos sobre nossa vida. É por isso que o salário tem sido a frente de luta entre classe trabalhadora e capital. Como expressão das relações de classe, o salário tem duas faces: a face do capital, que o utiliza para nos controlar, garantindo que todo aumento que recebemos corresponda a um aumento da produtividade, e a face da classe trabalhadora, que vem lutando cada vez mais por mais dinheiro, mais poder e menos trabalho. Como a atual crise do capitalismo demonstra, menos trabalhadoras e trabalhadores estão dispostos a sacrificar a vida a serviço do capital. Um número cada vez menor de trabalhadores e trabalhadoras dá ouvidos aos apelos pelo aumento da produtividade[25]. Mas, quando a "troca justa" entre salários e produtividade é perturbada, a luta salarial se torna um ataque direto ao lucro do capital e a sua capacidade de extrair de nós mais-trabalho. Portanto, *a luta pelo salário é, ao mesmo tempo, uma luta contra o salário*, devido ao poder que ele representa, e contra a relação capitalista que materializa. No caso das pessoas não assalariadas, a luta pelo salário é, de maneira ainda mais nítida, um ataque ao capital.

A Wages for Housework, portanto, entende que o capital terá de pagar pela imensa quantidade de serviços sociais que poupa atualmente colocando-os sobre nossas costas. E, o mais importante, exigir salários pelo trabalho doméstico é, por si só, recusar-se a aceitar nosso trabalho como um destino biológico. Na verdade, nada tem sido tão eficaz na institucionalização de nosso trabalho quanto o fato de que não é o salário, e sim o "amor", que sempre pagou por ele. Quanto às trabalhadoras assalariadas, para nós o salário também não é um acordo de produtividade. Não vamos trabalhar mais que antes em troca de um salário. Queremos um salário a fim de dispor de nosso tempo e nossas energias e não precisarmos ficar confinadas a um segundo emprego por causa de nossa necessidade de independência financeira.

ALÉM DO MAIS, NOSSA LUTA PELO SALÁRIO ABRE PARA PESSOAS ASSALARIADAS E NÃO ASSALARIADAS, SEM DISTINÇÃO, A QUESTÃO DA REAL DURAÇÃO DA JORNADA DE TRABALHO. ATÉ O MOMENTO, HOMENS E MULHERES DA CLASSE TRABALHADORA TIVERAM SUA JORNADA DEFINIDA PELO CAPITAL – PELA BATIDA DO PONTO NA ENTRADA E NA SAÍDA. ISSO

---

[25] "On the Collapse of Productivity in the U. S.", *Fortune*, dez. 1974, p. 24.

DEFINIU O TEMPO EM QUE PERTENCEMOS AO CAPITAL E O TEMPO EM QUE PERTENCEMOS A NÓS. MAS NUNCA PERTENCEMOS A NÓS. SEMPRE PERTENCEMOS AO CAPITAL, A CADA INSTANTE DA VIDA. É HORA DE FORÇARMOS O CAPITAL A PAGAR POR TODOS ESSES INSTANTES.

Forçar o capital a pagar

Essa é a perspectiva de classe que já havia se manifestado nas lutas dos anos 1960 nos Estados Unidos e internacionalmente. Essas lutas, centradas na comunidade, não foram por desenvolvimento, mas pela reapropriação da riqueza social que o capital acumulou tirando-a tanto das pessoas não assalariadas como das assalariadas. Essas lutas, portanto, desafiaram a organização social capitalista, que impõe o trabalho como a única condição sob a qual temos permissão para viver. Também desafiaram o dogma da esquerda de que a classe trabalhadora só pode organizar seu poder nas fábricas. Quando Lopate diz que "as precondições ideológicas para a solidariedade entre a classe trabalhadora são as redes e conexões que surgem do trabalho em conjunto" e que "essas precondições não podem surgir de mulheres trabalhando isoladamente, em casas separadas"[26], ela ignora as lutas potentes que essas mulheres "isoladas" travaram nos anos 1960: a recusa ao pagamento de aluguéis como forma de protesto, a luta por assistência social... Ela supõe que não podemos nos organizar se não formos, primeiro, organizadas pelo capital; e, visto que ela nega que o capital nos organizou, nega a existência de nossa luta. Em todo caso, confundir a organização de nosso trabalho pelo capital – seja na cozinha, seja nas fábricas –

---

[26] Carol Lopate, "Women & Pay for Housework", cit., p. 9.

com a organização de nossa luta contra o capital é o caminho para a derrota. A luta pelo trabalho já é uma derrota. Além do mais, todo novo tipo de trabalho que pudermos realizar vai nos dividir ainda mais. É ilusão pensar que o capital não nos divide quando estamos trabalhando isoladas em nossos lares. Em oposição a essas divisões, precisamos nos organizar de acordo com nossas necessidades. Nesse sentido, a Wages for Housework é tanto a recusa da socialização da fábrica como a recusa da racionalização e da socialização do lar pelo capital. Na verdade, não acreditamos que a revolução possa ser reduzida a um perfil do consumidor e a um estudo de tempo e movimento*, como na proposta de Lopate: "Precisamos olhar seriamente para as tarefas que são 'necessárias' para manter a casa [...] precisamos investigar os mecanismos de economia de trabalho e decidir quais são úteis e quais apenas causam a degradação do trabalho doméstico"[27].

Mas não é a tecnologia que nos degrada, e sim o uso que o capital faz dela. Além disso, "autogestão" e "controle por trabalhadores e trabalhadoras" sempre existiram no lar. Sempre pudemos escolher entre lavar a roupa na segunda-feira ou no sábado ou entre comprar uma máquina de lavar louça e um aspirador de pó, desde que pudéssemos pagar por eles. Portanto, não pedimos que o capital mude a natureza de nosso trabalho, mas lutamos como uma forma de recusa a nos reproduzirmos e a outros como trabalhadores e

---

* Um estudo de tempo e movimento (*time-motion study*, no original) é a análise dos processos e das práticas de trabalho que visa a apontar formas de reduzir o tempo e os movimentos necessários para a execução de uma tarefa, aumentando a produtividade da mão de obra e evitando sua exaustão. A metodologia desses estudos foi desenvolvida em conjunto pelo casal Frank e Lillian Gilbreth, ambos especialistas em engenharia industrial, na primeira década do século XX. (N. T.)

[27] Carol Lopate, "Women & Pay for Housework", cit., p. 9.

trabalhadoras, como força de trabalho, como mercadorias. Uma condição para alcançarmos esse objetivo é que esse trabalho seja reconhecido como tal por meio do salário. Obviamente, enquanto existirem salários, também existirá o capital. Por isso, não dizemos que receber um salário é a revolução. Dizemos, entretanto, que é uma estratégia revolucionária, porque enfraquece o papel que nos foi designado na divisão capitalista do trabalho e altera as relações de poder no interior da classe trabalhadora em termos que são mais favoráveis a nós, bem como à unidade de classe. Quanto aos aspectos financeiros da proposta da Wages for Housework, eles se tornam "altamente problemáticos"[28] apenas se adotarmos o ponto de vista do capital e do Departamento do Tesouro, que sempre alega pobreza quando se confronta com a classe trabalhadora. Já que não somos, nem aspiramos a ser, o Departamento do Tesouro, não podemos conceber sistemas de planejamento de pagamento, salários diferenciais, acordos de produtividade. Não nos cabe limitar nosso poder. Não nos cabe medir nosso valor. Só nos cabe travar uma luta para conseguir o que queremos, para nós, como um todo. Nosso propósito é não termos preço, é termos um preço muito alto no mercado, para o trabalho doméstico e o trabalho na fábrica e no escritório, a ponto de não sermos rentáveis.

Da mesma forma, rejeitamos o argumento de que outros setores da classe trabalhadora terão de pagar por nossa eventual conquista. De acordo com essa lógica, poderíamos dizer, ao contrário, que a mão de obra assalariada está sendo paga neste momento com o dinheiro que o capital não nos dá. Mas esse é o discurso do Estado. Na verdade, é puro racismo dizer que as demandas da população

---

[28] Idem.

negra dos anos 1960 por programas de assistência social tiveram um "efeito devastador sobre qualquer estratégia de longo prazo [...] sobre as relações entre pessoas brancas e negras", já que "as trabalhadoras e os trabalhadores sabiam que seriam eles, e não as corporações, que acabariam pagando por esses programas"[29]. Se partimos do princípio de que cada luta acaba inevitavelmente na redistribuição da pobreza, presumimos a derrota da classe trabalhadora. Aliás, o artigo de Lopate é escrito sob o signo do derrotismo, que nada mais é que aceitar a instituição capitalista como inevitável. Por isso, Lopate não consegue imaginar que, quando o capital tentar reduzir os salários de outros tipos de mão de obra, esses trabalhadores e trabalhadoras serão capazes de defender seus próprios interesses, bem como o nosso. Além disso, ela parte do princípio de que "obviamente os homens receberiam os maiores salários por seu trabalho doméstico"[30] – em resumo, nós nunca venceremos. Ela só enxerga as donas de casa como pobres vítimas porque não consegue imaginar que poderíamos nos organizar coletivamente e fechar nossas portas diante da supervisão de qualquer chefe que tentasse controlar nosso trabalho.

Nova York, novembro de 1974

---

[29] Ibidem, p. 10.

[30] Idem.

O capital e a esquerda (1975)*

Com sua tradicional falta de percepção da dinâmica dos movimentos de classe, a esquerda interpretou o fim de uma fase no interior do movimento de mulheres como o fim do movimento em si. Por isso, de forma lenta, mas gradual, está tentando recuperar o terreno político do qual, nos anos 1960, foi forçada a abdicar.

Nos anos 1960, quando os grupos de esquerda estavam sendo abandonados em massa pelas mulheres, a esquerda teve de aceitar a validade da autonomia [feminista]. Com relutância, foi obrigada a reconhecer que as mulheres também fazem parte da revolução. E chegou longe a ponto de demonstrar remorso por seu machismo, que acabava de descobrir. Agora, em meio àquilo que a esquerda percebe como um funeral feminista, suas vozes se erguem novamente para julgar nossas realizações e nossas falhas. Sua história nos atinge com um toque familiar. Nas palavras de um autodenominado "feminista", as "mulheres também precisam de um movimento socialista [...], e nenhum movimento que seja

---

* Escrito e publicado inicialmente em parceria com Nicole Cox. (N. T.)

composto apenas por mulheres pode substitui-lo"[1], o que significa que estava tudo indo muito bem, mas, no fundo, precisamos ser conduzidas pela esquerda – que, para fazer isso, quer antes reestabelecer a linha política correta.

A velha história de sempre

Isso obviamente não tem nada de novo. Mais uma vez, nos dizem que a política séria não é tema para a cozinha e que nossa luta para nos libertarmos, como mulheres – nossa luta para destruir o trabalho doméstico, nossas relações em família e a prostituição de nossa sexualidade –, é definitivamente subalterna ou, na melhor das hipóteses, complementar à "verdadeira luta de classes" nas fábricas. Não é por acaso que a maior parte das polêmicas da esquerda contra a autonomia feminista, hoje, seja dedicada a declarar que a Wages for Housework não se trata de uma campanha feminista e, portanto, não pode ser uma estratégia da classe trabalhadora...

Um dos possíveis motivos para essa desaprovação é que os homens estão perdendo seus privilégios masculinos. Se as mulheres tiverem o próprio dinheiro, um dia os homens podem encontrar a cozinha e a cama vazias. Mas o motivo mais profundo é que os homens de esquerda não estão interessados em nos libertar do trabalho doméstico, mas em torná-lo mais eficiente. [Na perspectiva deles,] a revolução é uma reorganização da produção capitalista que irá racionalizar nossa exploração em vez de aboli-la.

É por isso que, quando falamos em "rejeição ao trabalho", eles imediatamente se preocupam com "quem vai limpar as ruas". E é

---

[1] Eli Zaretsky, "Socialist Politics and the Family", *Socialist Revolution*, v. 3, n. 19, jan.--mar. 1974, p. 83-99.

por isso que eles sempre escolhem seus "agentes revolucionários" entre aqueles setores da classe trabalhadora cujo trabalho é mais racionalizado. Isto é, [na perspectiva deles,] os trabalhadores e as trabalhadoras são revolucionários não porque estão lutando contra a exploração, mas porque são produtores. Pode-se perceber quanto a população trabalhadora se distancia dessa perspectiva pela quantidade de energia que a esquerda despende reprovando trabalhadores e trabalhadoras por sua falta de "consciência de classe". A esquerda fica horrorizada pelo fato de que trabalhadoras e trabalhadores, assalariados ou não, querem mais dinheiro e mais tempo para si mesmos em vez de se preocuparem com as formas pelas quais a produção pode ser racionalizada.

Em nosso caso, uma coisa é nítida. A esquerda ataca nossa luta porque, como trabalhadoras domésticas, não estamos à altura do papel "produtivo" que ela atribuiu à classe trabalhadora. O significado disso é bem explicitado por Wally Seccombe na *New Left Review*:

> A transformação revolucionária só é possível porque o proletariado está diretamente envolvido no trabalho socializado e, portanto, traz em si, como classe, o pré-requisito de um modo socialista de produção. Enquanto o trabalho das donas de casa permanecer privatizado, elas serão incapazes de representar a nova ordem ou liderar as forças produtivas na ruptura com a velha ordem.[2]

Seccombe reconhece que, em períodos de crise capitalista (quando o capitalismo já está desmoronando, supostamente por si mesmo), a "mobilização das donas de casa" em torno de iniciativas apropriadas (por exemplo, comitês de monitoramento de preços)

---

[2] Wally Seccombe, "The Housewife and her Labour under Capitalism", *New Left Review*, n. 83, jan.-fev. 1974, p. 23.

pode contribuir para a luta revolucionária. Ele escreve que: "Nessas circunstâncias, não é incomum que camadas objetivamente retrógradas [da classe trabalhadora] sejam lançadas para a frente", mas a verdade é que as "donas de casa não vão oferecer a força motriz decisiva da luta das mulheres"[3]. Uma vez que, no mundo todo, a maioria das mulheres atua primeiro e acima de tudo como trabalhadora doméstica, isso corresponde a descartar as mulheres do processo revolucionário.

O modelo chinês

Não é a primeira vez que, depois do fim de uma luta, os grupos "revolucionários" nos mandam de volta para a cozinha, agora com a promessa de "dividir o trabalho doméstico". Se esse processo é menos evidente hoje, isso se dá porque, em harmonia com os planos do capital, a mesma mão que nos empurra de volta para casa também está tentando nos empurrar para dentro das fábricas[4], para que nos "juntemos a eles na luta de classes" ou, mais precisamente, para sermos treinadas para nosso futuro papel na produção. O acordo de longo prazo que nos oferecem é o que chamam de "modelo chinês": a socialização e a racionalização do trabalho doméstico e a autogestão, o autocontrole das fábricas. Em outras palavras: um pouco mais de fábrica dentro de casa (maior eficiência e produtividade do trabalho doméstico) e um pouco mais de família nas

---

[3] Ibidem, p. 24.

[4] Ver *Workers Fight*, n. 79, dez. 1974/jan. 1975: "Se os homens podem ser a forragem da fábrica, por que não as mulheres? [...] Se queremos assumir nosso lugar no mundo, influenciar a história do mundo, temos de deixar os limites confortáveis de nossos lares e ir para as fábricas [...] e ajudar a tomar o controle delas!".

fábricas (mais responsabilidade individual e identificação com o trabalho). Nos dois casos, a esquerda está adotando utopias muito estimadas pelo capitalismo.

A autogestão e o autocontrole expressam a tentativa de manter a classe trabalhadora não apenas explorada, mas participando do planejamento da própria exploração. Não é por acaso que capitalistas responsáveis pelo planejamento usam a palavra "alienação" quase com a mesma frequência que a esquerda e oferecem os mesmos paliativos: "enriquecimento de tarefas"*, "controle pela mão de obra", "participação da mão de obra", "democracia participativa". Quanto à socialização e à racionalização do trabalho doméstico (cantinas, dormitórios etc.), o capital muitas vezes flertou com essa possibilidade porque, em termos monetários, essa racionalização representaria uma forma de economia.

Esse era o plano da Rússia**, onde acelerar a reprodução da força de trabalho para liberar os braços das mulheres para as fábricas foi uma das grandes prioridades depois da revolução. Como no sonho da esquerda, as diretrizes que inspiraram o planejamento socialista foram as de uma "sociedade de produtores e produtoras" na qual tudo seria útil à produção. Desse ponto de vista, a "casa-comuna", com cozinhas, salas de refeições e banheiros coletivos, parecia a solução perfeita para economizar dinheiro, espaço, tempo e "elevar a qualidade e a produtividade

---

* O enriquecimento de tarefas (*job enrichment*, em inglês) é um método de motivação de profissionais que consiste na constante renovação das tarefas exigidas em determinado cargo, substituindo ações simples por outras, mais desafiadoras e complexas, eventualmente com aumento do salário e da posição hierárquica. (N. T.)

** No contexto discutido neste artigo, a Rússia integrava a União das Repúblicas Socialistas Soviéticas (URSS), Estado que congregou várias nações entre 1922 e 1991. (N. T.)

do trabalho"[5]. Foi apenas graças à resistência obstinada das trabalhadoras e dos trabalhadores que esses projetos se viram progressivamente abandonados[6].

Anatole Kopp conta sobre uma assembleia de mulheres em Novosibirsk para exigir "mesmo que sejam cinco metros quadrados, desde que seja um espaço separado"[7]. Em 1930, responsáveis pelo planejamento urbano bolchevique tiveram de reconhecer que:

> Todo mundo está decepcionado com a chamada "casa-comuna" [...], a "farsa-comuna" onde o quarto do trabalhador só tem espaço suficiente para dormir [...]. O "condomínio-comuna" que reduz o espaço habitável e o conforto (ver as dimensões da pia, dos vasos sanitários, vestiários e refeitórios) está começando a incitar a insatisfação das massas trabalhadoras.[8]

Desde os anos 1930, o Estado russo preserva a família nuclear como o organismo mais eficaz para disciplinar trabalhadores e trabalhadoras e garantir o suprimento de força de trabalho – e na China também, a despeito de certo grau de socialização, o Estado apoia a família nuclear. De qualquer forma, o experimento russo demonstrou que, uma vez que a produção e o trabalho são os objetivos, a socialização do trabalho doméstico pode ser apenas uma arregimentação a mais de nossa vida – como os exemplos das escolas, hospitais e quartéis nos ensinam continuamente. E essa socialização não representa a abolição da família, apenas sua ampliação na forma

---

[5] Anatole Kopp, *Cittá e rivoluzione. Architettura e urbanistiche sovietiche degli anni Venti* (Milão, Feltrinelli, 1972 [1967]), p. 147.

[6] Ibidem, p. 160.

[7] Ibidem, p. 128.

[8] Ibidem, p. 267.

de "comitês políticos e culturais" que existem no âmbito da comunidade e da fábrica, tanto na Rússia como na China.

Considerando a fábrica, o capital precisa da família ou, mais especificamente, a disciplina da primeira é baseada na disciplina da segunda, e vice-versa. Ninguém nasce trabalhador ou trabalhadora. É por isso que, seja vestindo bandeiras decoradas com estrelas, seja com foices e martelos, no coração do capitalismo sempre encontramos a glorificação da vida familiar.

No Ocidente, o capital tem racionalizado e socializado o trabalho doméstico há muitos anos. O Estado vem planejando tamanho, condições de vida, moradia, educação, vigilância, medicação e doutrinação da família em uma escala sempre crescente. Se não foi mais bem-sucedido, isso se deveu à revolta das pessoas não assalariadas da família – mulheres, filhas e filhos. Foi a revolta delas que evitou que a família se tornasse mais produtiva e, às vezes, a tornou contraproducente. A esquerda vem bradando sobre esse fracasso capitalista em disciplinar a família há muito tempo. Como o camarada Gramsci observou, já em 1919:

> Todas essas fábricas tornam extremamente complicadas e difíceis quaisquer formas de regulação do sexo e quaisquer tentativas de criar uma nova ética sexual apropriada ao novo método de produção e trabalho. Entretanto, ainda é necessário tentar essa regulação e tentar criar uma nova ética [...]. A verdade é que o novo tipo de homem exigido pela racionalização da produção e do trabalho não pode ser desenvolvido até que o instinto sexual tenha sido adequadamente regulado e até que tenha sido também racionalizado.[9]

---

[9] Antonio Gramsci, "Americanism and Fordism", em *Selections from the Prison Notebooks* (Londres, Lawrence & Wishart, 1971).

Hoje a esquerda está mais cautelosa, mas não menos determinada, em nos associar à cozinha, seja em sua forma atual, seja em outra, mais racionalizada e produtiva. A esquerda não quer abolir o trabalho doméstico porque não quer abolir o trabalho fabril. Em nosso caso, ela gostaria que fizéssemos ambos. Aqui, entretanto, a esquerda enfrenta o mesmo dilema que aflige o capital: onde as mulheres podem ser mais produtivas, na linha de montagem ou na linha de produção de bebês? O capital precisa de nós nas fábricas como mão de obra barata, para substituir trabalhadores que são muito caros, mas também precisa de nós em casa, para gerar crianças e manter pessoas potencialmente rebeldes fora das ruas. A aparente diferença entre a orientação trotskista (o trabalho doméstico é barbárie, quer dizer, todas as mulheres nas fábricas) e a orientação libertária (trabalho doméstico é socialismo, quer dizer, nenhum trabalho deve ser remunerado) trata-se apenas de uma divergência de táticas no interior de uma estratégia global capitalista.

A corrente libertária sustenta que o trabalho doméstico escapa a qualquer categorização socioeconômica: "O trabalho doméstico das mulheres no capitalismo não é produtivo nem improdutivo", diz Lisa Vogel[10]. "Talvez tenhamos de decidir que o trabalho doméstico não é produção nem consumo", escreve Carol Lopate[11]. "As donas de casa fazem e não fazem parte da classe trabalhadora", assevera Eli Zaretsky[12]. Essas autoras e esse autor situam o trabalho doméstico fora do capital e alegam que se trata de um "trabalho socialmente necessário", porque acreditam que, de uma forma ou de outra, ele

---

[10] Lisa Vogel, "The Earthly Family", *Radical America*, v. 7, n. 4-5, jul-out. 1973, p. 28.

[11] Carol Lopate, "Women and Pay for Housework", *Liberation*, v. 18, n. 9, maio-jun. 1974, p. 11.

[12] Eli Zaretsky, "Socialist Politics and the Family", cit., p. 89.

também será necessário no socialismo. Por isso, Vogel afirma que o trabalho doméstico é, em primeiro lugar, um trabalho útil, que tem o poder, sob condições ideais [sic], de sugerir uma sociedade futura na qual todo trabalho seria, em primeiro lugar, útil[13]... Isso é reverberado pela visão de Lopate segundo a qual a família é o último refúgio onde "mantemos nossa alma viva"[14] e culmina na afirmação de Zaretsky de que "as donas de casa são parte da classe trabalhadora e do movimento da classe trabalhadora não porque produzem mais-valor, mas porque realizam um trabalho socialmente necessário"[15].

Nesse contexto, não ficamos surpresas ao ouvir de Zaretsky que "a tensão entre eles [feminismo e socialismo] [...] continuará ao longo do período do socialismo [porque] com a instituição de um regime socialista, o conflito de classe e os antagonismos sociais não desaparecem, ao contrário, emergem de forma mais aguda e clara"[16]. Precisamente: se esse tipo de revolução ocorrer, seremos as primeiras a lutar contra ela.

Quando, dia após dia, a esquerda propõe o que o capital propõe, seria irresponsável não erguer a voz contra ela. A acusação de que os salários para o trabalho doméstico, proposta da Wages for Housework, seriam a institucionalização das mulheres em casa vem de todos os grupos da esquerda. Enquanto isso, esses mesmos grupos celebram que estão sendo institucionalizados nas fábricas.

No momento em que o movimento de libertação das mulheres deu poder às mulheres institucionalizadas tanto no lar como na fábrica, a esquerda se apressou em canalizar nossa subversão para

---

[13] Lisa Vogel, "The Earthly Family", cit., p. 126.

[14] Carol Lopate, "Women and Pay for Housework", cit., p. 10.

[15] Eli Zaretsky, "Socialist Politics and the Family", cit., p. 89.

[16] Ibidem, p. 83-4.

mais uma instituição capitalista indispensável: os sindicatos. Estes se tornaram, agora, a tendência da esquerda para o futuro.

Com este panfleto, queremos nos diferenciar da esquerda por uma linha divisória. A navalha que abre essa linha é feminista, porém não separa as mulheres dos homens, mas, sim, a classe trabalhadora da tecnocracia que pretende supervisioná-la. Fomos tímidas ao não falarmos tão francamente antes, mas a esquerda nos chantageou com a acusação de sermos a favor do Estado se não ficássemos a favor dela, da mesma maneira que o Estado chantageou rebeldes com a acusação de comunismo e o Estado russo chantageou rebeldes com a acusação de trotskismo.

Adeus a tudo isso.

Nova York, maio de 1975

Gênero em *O capital*, de Marx

À medida que o interesse no marxismo e no feminismo está renascendo e as visões de Marx sobre "gênero" estão recebendo nova atenção, vêm surgindo alguns pontos de consenso entre feministas que também influenciam minha abordagem do tema[1]. É amplamente aceito que, embora em seus primeiros trabalhos Marx tenha denunciado as desigualdades de gênero e o controle patriarcal sobre a vida das mulheres, especialmente na família burguesa[2],

---

[1] Indicadores do novo interesse na teoria de gênero de Marx são as recentes publicações de Heather A. Brown, *Marx on Gender and the Family* (Boston, Brill, 2012), e de Shahrzad Mojab (org.), *Marxism and Feminism* (Londres, Zed, 2015), este último publicado em concomitância com a conferência sobre o tema organizada pela Fundação Rosa Luxemburgo em Berlim, no mesmo ano. Ver também Martha Giménez, *Marx, Women and Capitalist Social Reproduction* (Boston, Brill, 2018).

[2] Em *Manuscritos econômico-filosóficos*, de 1844, ecoando Charles Fourier, Marx argumentou que a relação homem-mulher é um indicador do progresso social: ela nos revela até que ponto o ser humano humanizou sua natureza. Em *A ideologia alemã*, Marx falou da "escravidão latente na família", baseada na apropriação, pelo pai, do trabalho da mulher e das crianças. Em *Sobre o suicídio*, sua tradução do ensaio de Jaques Peuchet, Marx mostrou as consequências destrutivas da moralidade burguesa na vida das mulheres. Em seguida, no *Manifesto Comunista*, ele ridicularizou a família burguesa,

ele "não teve muito a dizer sobre gênero e família"[3]. Entendendo "gênero" como referência às relações de poder entre mulheres e homens e ao sistema de regras pelo qual são constituídas e impostas, as evidências mostram que "gênero" não é objeto de análise na crítica de Marx à economia política, e, mesmo em suas principais obras, *O capital* e *Grundrisse*, as opiniões dele sobre o assunto só podem ser deduzidas a partir de observações esparsas.

Mesmo assim, não há dúvida de que a obra de Marx trouxe uma significativa contribuição para o desenvolvimento da teoria feminista. Concordo parcialmente com Martha Giménez, segundo a qual, para além de qualquer afirmação feita por Marx sobre as mulheres, o que conta para as feministas é sua metodologia[4]. Seu método materialista histórico não apenas nos ajudou a desconstruir as hierarquias e identidades de gênero, como demonstrou que a "natureza humana" é produto da ação social[5]. A análise de Marx do capitalismo nos deu ferramentas para pensar tanto sobre as formas específicas da exploração à qual as mulheres têm sido submetidas na sociedade capitalista como sobre a relação entre "sexo, raça e classe"[6]. Mas o

---

argumentando que ela se baseava no adultério e que nela as mulheres serviam apenas para a transmissão da propriedade privada.

[3] Heather A. Brown, *Marx on Gender and the Family*, cit., p. 143; para Frigga Haug: "A análise de Marx [é] notável por certa vacuidade e pelo silêncio quanto à questão das mulheres", Frigga Haug, "Marx within Feminism", em Shahrzad Mojab (org.), *Marxism and Feminism*, cit., p. 81.

[4] Martha Giménez, *Marx, Women and Capitalist Social Reproduction*, cit., p. 247.

[5] Nancy Holmstrom, "A Marxist Theory of Women's Nature", em Nancy Holmstrom (org.), *The Socialist Feminist Project. A Contemporary Reader in Theory and Politics* (Nova York, Monthly Review, 2002), p. 360-76.

[6] As aspas são uma referência ao ensaio de Selma James sobre o tema, "Sex, Race and Class", em Selma James (org.), *Sex, Race and Class: The Perspective of Winning – A Selection of Writings, 1952-2011* (Oakland, PM, 2012).

uso que algumas de nós fizemos de Marx com frequência nos levou a um rumo diferente daquele que ele havia traçado.

Escrever sobre gênero em Marx, portanto, é reconciliar dois pontos de vista sobre o tema. Por um lado, há os comentários de Marx dispersos por suas primeiras obras e pelo Livro I de *O capital*. Por outro, há as visões de feministas que utilizaram as teorias dele sobre a exploração capitalista e as aplicaram a uma análise do trabalho das mulheres e da organização da reprodução, buscando enraizar o feminismo em uma perspectiva anticapitalista/de classe.

Por conseguinte, dividi o que se segue em duas partes. Na primeira parte, analiso a visão de "gênero" de Marx conforme articulada em sua análise sobre a contratação de mulheres para o trabalho industrial no Livro I de *O capital*. Também teço comentários sobre os silêncios de Marx, especialmente no que concerne à relação das mulheres com o trabalho doméstico. Aqui, argumento que Marx não teorizou a questão do trabalho doméstico porque acreditava que, com o desenvolvimento da produção industrial, o número de mulheres empregadas nesse setor aumentaria. Ele também não percebeu a importância estratégica do trabalho reprodutivo, em todas as dimensões (trabalho doméstico e sexual, procriação), para a reprodução da mão de obra e como terreno de luta da classe trabalhadora.

Isso significa que, apesar de Marx condenar as relações patriarcais, ele nos deixou uma análise sobre capital e classe que é conduzida do ponto de vista masculino – aquele do "trabalhador homem", o trabalhador industrial assalariado predominantemente branco, em nome do qual a Primeira Internacional foi constituída, cujo interesse ele presumiu ser representativo de todos os setores do proletariado. Isso significa ainda que, com base nessa análise, muitos grupos marxistas sentiram que era justificável tratar gênero como uma questão cultural, dissociada das condições materiais da organização capitalista do trabalho; além disso, olharam para as feministas com suspeita, acusando-as, com frequência, de fomentar divisões na classe trabalhadora. Consequentemente, assim como o movimento anticolonial, o movimento feminista também teve de começar o desenvolvimento de sua teoria com uma crítica a Marx, cujas implicações ainda estamos descobrindo.

Na segunda parte deste artigo, revisito essa crítica, desenvolvida, antes, pelo movimento Wages for Housework[7], do qual fiz parte. Argumento que, porque lemos "politicamente"[8] a análise de Marx sobre o capitalismo, poderíamos levar sua teoria da reprodução social a lugares que, em sua obra, permaneceram ocultos, tornando-a a base de uma teoria feminista centrada na redefinição do trabalho doméstico como atividade que produz força de trabalho e, como tal, torna-se condição essencial da produção capitalista e da acumulação de riqueza.

Ler Marx a partir de uma perspectiva inspirada na recusa do trabalho doméstico e da "domesticidade" nos mostrou as limitações do quadro teórico do autor, revelando que, embora de uma perspectiva feminista não possamos ignorar sua obra (já que o capitalismo continua sendo o modo de produção predominante), há aspectos da teoria política marxiana que não podemos aceitar, sobretudo no que diz respeito a seu conceito de trabalho e a seus

---

[7] Ver essencialmente: Mariarosa Dalla Costa, "Women and the Subversion of the Community", em Mariarosa Dalla Costa e Selma James (orgs.), *The Power of Women and the Subversion of the Community* (3. ed., Bristol, Falling Wall, 1975); Selma James, "Sex, Race and Class", cit.; Leopoldina Fortunati, *The Arcane of Reproduction: Housework, Prostitution, Labor and Capital* (Nova York, Autonomedia, 1995 [1981]).

[8] A referência aqui é a Harry Cleaver, *Reading Capital Politically* (Austin, University of Texas Press, 1979).

pressupostos acerca de quem se qualifica como mão de obra e sujeito revolucionário.

Marx e gênero no chão de fábrica

O conceito de "gênero" de Marx sobressai mais nitidamente no Livro I de *O capital*, no qual ele examina, pela primeira vez, o trabalho das mulheres nas fábricas, minas e "gangues" agrárias durante a Revolução Industrial. Naquela época, essa era a "questão da mulher" nos dois lados do canal da Mancha, quando pessoas que atuavam na economia, na política e na filantropia declaravam que o trabalho das mulheres nas fábricas destruía a família, tornava as mulheres excessivamente independentes, usurpava os privilégios masculinos e contribuía para os protestos operários[9]. Sobre a posição da mão de obra feminina na França, Joan Wallach Scott diz:

> *L'ouvrière* [a operária] estava à frente dos debates sobre moralidade, organização econômica e situação da classe trabalhadora. Isso também vinculava as preocupações com economia política à discussão geral sobre as mulheres que se intensificou naquele período.[10]

Na Inglaterra, quando Marx começou a escrever *O capital*, já estavam em curso reformas para limitar o trabalho de mulheres e crianças nas fábricas, e ele pôde contar com uma abundante

---

[9] A respeito do debate sobre as consequências do trabalho industrial das mulheres como "a questão da mulher" na Inglaterra do século XIX, ver Judy Lown, *Women and Industrialization. Gender at Work in 19th Century England* (Minneapolis, University of Minnesota Press, 1990), p. 1-4, 131 e 210-8. Para o mesmo debate na França, ver Joan Wallach Scott, *Gender and the Politics of History* (Nova York, Columbia University Press, 1988), especialmente cap. 7, p. 139-66.

[10] Joan Wallach Scott, *Gender and the Politics of History*, cit., p. 140.

bibliografia sobre o tema, constituída principalmente de relatórios compilados por fiscais de fábricas contratados pelo governo para garantir que os limites impostos seriam observados[11].

Páginas inteiras desses relatórios são citadas no Livro I, especialmente nos capítulos "A jornada de trabalho" e "Maquinaria e grande indústria", servindo para ilustrar as tendências estruturais da produção capitalista, tal como a propensão a estender a jornada até o limite da resistência física da mão de obra, para desvalorizar a força de trabalho, extraindo o máximo de esforço do menor número de trabalhadores e trabalhadoras. Tomamos conhecimento, a partir desses relatórios, do drama das costureiras morrendo por excesso de trabalho e pela precariedade da ventilação local e da alimentação[12], de jovens mulheres trabalhando catorze horas por dia sem direito a refeições ou rastejando seminuas para dentro das minas para levar o carvão à superfície e de crianças arrancadas da cama no meio da noite, "forçadas a trabalhar, para sua mera subsistência"[13], "abatidas" por uma máquina vampiresca que consome a vida enquanto ainda "houver um músculo, um nervo, uma gota de sangue para explorar"[14].

Poucos autores ou autoras de textos políticos descreveram em termos tão inflexíveis a brutalidade do trabalho capitalista, aparte a escravidão, quanto Marx o fez, e ele deve ser elogiado por isso. Particularmente impressionante é a denúncia que ele faz da

---

[11] Sobre a reforma no trabalho de mulheres e crianças na Inglaterra, além de *O capital*, Livro I, ver Judy Lown, *Women and Industrialization*, cit., p. 180-4.

[12] Karl Marx, *Capital*, v. I (Londres, Penguin, 1990), p. 365 [ed. bras.: *O capital. Crítica da economia política*, Livro I: *O processo de produção do capital*, trad. Rubens Enderle, São Paulo, Boitempo, 2011, p. 327].

[13] Ibidem, p. 353 [p. 317].

[14] Ibidem, p. 416 [p. 373].

exploração cruel do trabalho infantil, sem igual na literatura marxista. Mas, apesar da eloquência, seu relato é mais descritivo que analítico e não se propõe a discutir as questões de gênero que levanta.

Não nos é dito, por exemplo, como a contratação de mulheres e crianças nas fábricas remodela as relações das mulheres com os homens, como afeta as lutas trabalhistas ou quais debates provocou nas organizações da classe trabalhadora. Em vez disso, temos comentários bastante moralistas no sentido de que o trabalho fabril degradou a "integridade moral" das mulheres ao encorajar comportamento "promíscuo" e as fez negligenciar suas obrigações maternas. O que falta é um retrato das mulheres, trabalhadoras fabris, como agentes capazes de lutar em benefício próprio[15]. A maior parte das "operárias" aparece como vítima, embora tenham sido reconhecidas, em sua época, pela independência, pelo comportamento insurgente e pela capacidade de defender os próprios interesses contra as tentativas dos proprietários das fábricas de corrigir a conduta delas[16].

---

[15] A única referência à luta das trabalhadoras fabris está em uma nota, em *Capital*, v. I, cit., p. 551 [ed. bras.: *O capital*, Livro I, cit., p. 497], na qual Marx menciona tecelãs que operavam teares a vapor e entraram em greve por problemas no registro do tempo trabalhado.

[16] Margaret Hewitt, *Wives and Mothers in Victorian Industry. A Study of the Effects of the Employment of Married Women in Victorian Industry* (Londres, Rockliff, 1958), e Judy Lown, que fala da oposição das trabalhadoras às Leis das Fábricas nos anos 1830 (Judy Lown, *Women and Industrialization*, cit., p. 214) e da luta das trabalhadoras da indústria de seda "para manter o controle sobre aspectos da vida que sempre foram centrais na experiência das mulheres trabalhadoras [...] o cuidado das crianças, roupas e higiene pessoal" (ibidem, p. 162). Sobre as jovens trabalhadoras fabris "representando uma recém-adquirida independência e a liberdade para as mulheres", ver ibidem, p. 43 e seg., e Wally Seccombe, *Weathering the Storm. Working-Class Families from the Industrial Revolution to the Fertility Decline* (Londres, Verso, 1993), p. 121.

"Gênero" e a reprodução da mão de obra

As questões de gênero ocupam um lugar marginal em *O capital*. Em uma obra com três volumes e milhares de páginas, em apenas cerca de uma centena encontramos referências a família, sexualidade, trabalho doméstico, e são, com frequência, observações fortuitas. As referências a gênero estão ausentes onde seriam mais esperadas, como nos capítulos sobre divisão social do trabalho, salários e reprodução da mão de obra. Ao reconhecer a existência de uma divisão sexual do trabalho na família, Marx apenas observa que esta tem uma base fisiológica, deixando de especificar (em oposição a justificativas que naturalizam a "feminilidade" e as relações familiares) que a fisiologia é sempre apreendida e influenciada pelo filtro de mediações sociais e culturais[17].

Nos capítulos sobre salários, depois de discutir a forma-salário e o modo como ela oculta a extração de trabalho excedente, a principal preocupação de Marx é esclarecer a diferença entre "salário nominal" e "salário real" e a questão do trabalho por peça. Pelo contrário, não encontramos qualquer menção a como a forma-salário oculta o trabalho reprodutivo que as mulheres realizam em casa e sua contribuição para a reprodução da força de trabalho.

Marx reconhece que a força de trabalho, isto é, nossa capacidade para trabalhar, não é algo garantido. Consumida diariamente no processo de trabalho, ela deve ser (re)produzida de maneira contínua, e essa (re)produção é tão essencial à valorização do capital quanto "a limpeza da maquinaria", porque "é a produção do

---

[17] "Numa família [...] surge uma divisão natural-espontânea do trabalho fundada nas diferenças de sexo e de idade, ou seja, sobre uma base puramente fisiológica", Karl Marx, *Capital*, v. I, cit., p. 471 [ed. bras.: *O capital*, Livro I, cit., p. 425].

meio de produção mais precioso do capitalista: a mão de obra"[18]. Marx, entretanto, coloca essa produção somente no interior do circuito de produção de mercadorias, sendo a única exceção as atividades que envolvem o treinamento da mão de obra. Os trabalhadores e as trabalhadoras – imagina Marx – compram com seus salários os itens necessários à vida e, ao consumi-los, reproduzem a própria existência. O que ele descreve, então, é literalmente a (re)produção de mão de obra assalariada por meio de mercadorias produzidas pela própria mão de obra assalariada. Assim, "o valor da força de trabalho é o valor dos meios de subsistência necessários à manutenção de quem os possui", determinado pelo tempo de trabalho necessário para a produção das mercadorias que a mão de obra consome[19].

Em *O capital*, Marx não reconhece em nenhum momento que a produção da força de trabalho requer algum trabalho doméstico – preparar refeições, lavar e costurar as roupas, formar as crianças, fazer sexo. "Trabalho doméstico" para ele é o que hoje chamaríamos de trabalho assalariado realizado em casa[20]. Nenhum trabalho, além do necessário para produzir os "meios de subsistência" que os salários podem comprar, é considerado por Marx como necessário para a reprodução da força de trabalho e como contribuição a seu

---

[18] Ibidem, p. 718 [p. 647]. Marx retorna a essa questão em *Theories of Surplus Value, Part 1* (Moscou, Progress, 1969), p. 172, no qual argumenta: "O trabalho produtivo seria, portanto, o trabalho que produz mercadorias ou produz diretamente, treina, desenvolve, mantém ou reproduz a própria força de trabalho".

[19] Karl Marx, *Capital*, v. I, cit., p. 274, 276 e 340 [ed. bras.: *O capital*, Livro I, cit., p. 245, 247 e 286].

[20] Como Frigga Haug apontou, "Marx e Engels conceituaram o trabalho doméstico sobretudo como trabalho assalariado realizado em casa, tratando como 'trabalho familiar' o que no século XX geralmente era entendido como trabalho doméstico". Frigga Haug, "Marx within Feminism", cit., p. 91.

valor. Portanto, ao considerar as necessidades que o trabalhador deve satisfazer e o que é essencial para a vida, Marx lista apenas "alimentação, vestimenta, aquecimento, habitação"[21], omitindo embaraçosamente o sexo, seja obtido no arranjo familiar, seja comprado. Ele também ignora que algumas das mercadorias mais importantes para a reprodução da força de trabalho na Europa, aquelas que alimentaram a Revolução Industrial – café, açúcar, fumo, algodão – foram produzidas pelo trabalho escravo nas plantações estadunidenses.

Há poucas passagens em que Marx chega perto de romper o silêncio sobre o trabalho doméstico das mulheres, embora se refira a tal como "trabalho familiar". Em notas de rodapé no capítulo "Maquinaria e grande indústria", depois de mencionar que "[...] o capital, visando a sua autovalorização, usurpou o trabalho familiar necessário para o consumo"[22], acrescenta:

> Como certas funções da família, por exemplo, cuidar das crianças e amamentá-las etc., não podem ser inteiramente suprimidas, as mães de família confiscadas pelo capital têm de arranjar quem as substitua em maior ou menor medida. É necessário substituir por mercadorias prontas os trabalhos domésticos que o consumo da família exige, como costurar, remendar etc. A um dispêndio menor de trabalho doméstico corresponde, portanto, um dispêndio maior de dinheiro, de modo que os custos de produção da família operária crescem e contrabalançam a receita aumentada. A isso se acrescenta que a economia e a eficiência no uso e na preparação dos meios de subsistência se tornam impossíveis.[23]

---

[21] Karl Marx, *Capital*, v. I, cit., p. 275 [ed. bras.: *O capital*, Livro I, cit., p. 246].

[22] Ibidem, p. 518, nota 38 [p. 468, nota 120].

[23] Ibidem, p. 518, nota 39 [p. 469, nota 121].

Entretanto, a respeito desse trabalho doméstico que "não pode ser inteiramente suprimido" e tem de ser substituído pela compra de produtos, reduzindo ainda mais a renda familiar, nada mais é dito. Mesmo quando trata da reprodução geracional da mão de obra, Marx não menciona a contribuição das mulheres, referindo-se a ela como o "aumento natural da população" e comentando que "o capitalista pode abandonar confiadamente o preenchimento dessa condição ao impulso de autoconservação e procriação dos trabalhadores"[24], embora ele devesse saber que as proletárias temiam qualquer nova gestação e que os métodos anticoncepcionais eram amplamente discutidos entre a classe trabalhadora.

Por que, então, tal silêncio em Marx?

Em artigos anteriores, na tentativa de sintetizar a falta de percepção de Marx quanto a esse trabalho ubíquo como trabalho reproduti-vo, que deve ter se desvelado diariamente diante de seus olhos em sua própria casa, ressaltei como essa forma de trabalho era praticamente ausente das casas proletárias na época em que Marx estava escrevendo, dado que toda a família era explorada nas fábri-cas do nascer ao pôr do sol[25]. Atualmente, essa é, entre marxistas, a explicação mais comum[26], e o próprio Marx nos convida a essa conclusão quando, citando um médico enviado pelo governo inglês

---

[24] Ibidem, p. 718 [p. 647].

[25] Silvia Federici, *Revolution at Point Zero. Housework, Reproduction and Feminist Struggle* (Oakland, PM, 2012), p. 94 [ed. bras.: *O ponto zero da revolução: trabalho doméstico, reprodução e luta feminista*, trad. Coletivo Sycorax, São Paulo, Elefante, 2019, p. 199-200].

[26] Ver, por exemplo, John Foster Bellamy, "Women, Nature and Capital in the Industrial Revolution", *Monthly Review*, v. 69, n. 8, 2018, p. 2.

para avaliar o estado de saúde nos distritos industriais, ele observou que o fechamento das indústrias de algodão, provocado pela Guerra Civil dos Estados Unidos, teve ao menos um efeito benéfico, pois, então, as mulheres operárias

> encontravam, agora, tempo livre necessário para amamentar suas crianças, em vez de envená-las com Godfrey's Cordial (um opiato), e dispunham de tempo para aprender a cozinhar. Lamentavelmente, essa arte culinária lhes chegou num momento em que nada tinham para comer. Vê-se, pois, como o capital, visando a sua autovalorização, usurpou o trabalho familiar necessário para o consumo. Mesmo assim, a crise foi usada para, em escolas especiais, ensinar as filhas dos operários a costurar. Enfim, para que jovens trabalhadoras, que fiam para o mundo inteiro, aprendessem a costurar, foram necessárias uma revolução na América do Norte e uma crise mundial![27]

Marx realmente estava certo sobre o colapso das habilidades domésticas entre as operárias, o que até a burguesia lamentava. Mas a redução abismal do tempo e dos recursos necessários para a reprodução da mão de obra que Marx documentou não era uma condição universal. A mão de obra fabril era apenas de 20% a 30% da população feminina trabalhadora. Mesmo entre elas, muitas mulheres abandonavam o trabalho fabril assim que davam à luz. Além disso, em meados do século XIX, as operárias conquistaram uma tarde de sábado livre. Por mais que tenha sido "usurpado pelo capital", o trabalho doméstico continuou sendo feito nos distritos industriais: à noite, aos domingos, realizado por jovens ou idosas que as operárias contratavam para cuidar de suas crianças. Ademais (como vimos),

---

[27] Karl Marx, *Capital*, v. I, cit., p. 517, nota 38 [ed. bras.: *O capital*, Livro I, cit., p. 468, nota 120].

o conflito entre o trabalho fabril e as "obrigações reprodutivas" das mulheres era uma questão-chave na época de Marx, como demonstram os relatórios das fábricas que ele citou e as reformas provocadas por eles. E, já na década de 1830, o trabalho doméstico e a família estavam no centro de uma discussão acalorada entre socialistas, anarquistas e o emergente movimento feminista[28].

As atividades reprodutivas foram um tema importante para os primeiros escritores socialistas, como Charles Fourier, que elaborou uma teoria engenhosa para demonstrar que mesmo as tarefas mais laboriosas e desagradáveis poderiam ser transformadas em brincadeira se delegadas a crianças[29]. E mais, o trabalho doméstico foi uma questão debatida entre as mulheres socialistas owenistas que, nas décadas de 1830 e 1840, discutiam amplamente sobre creches comunitárias, realizando reuniões com a presença de milhares de pessoas, "incluindo muitas mães que, não raro, estavam com seus bebês nos braços"[30].

---

[28] Sobre esse tema, ver Joan Wallach Scott, *Gender and the Politics of History*, cit., p. 94-5, e Dolores Hayden, *The Grand Domestic Revolution: A History of Feminist Designs for American Homes, Neighbourhoods and Cities* (Cambridge, MA, The MIT Press, 1985), p. 1-8. Wallach Scott diz que "a literatura de protesto das décadas de 1830 e 1840 está repleta de referências à família e às características de homens e mulheres. Lendo sobre demandas por salários mais altos ou ataques à ambição da burguesia, escutando oradores que evocam a dimensão da pobreza da classe trabalhadora ou erguem seus copos para brindar a uma futura nova sociedade, a pessoa é informada sobre a diferença sexual. No projeto socialista utópico da época, a família era um tema central, tanto em experiências com formas diferenciadas de organização familiar, como nos casos de Charles Fourier e dos sansimonistas, quanto em promessas de melhoria qualitativa na felicidade dos casais tradicionais e suas crianças, como no caso de Etienne Cabet. A organização do trabalho e a formação de associações foram apenas dois dos temas desse período de protesto da classe trabalhadora; a família era o terceiro, igualmente importante e inter-relacionado".

[29] Ver Frank E. Manuel (org.), *Design for Utopia. Selected Writings of Charles Fourier* (Nova York, Shocken, 1971), p. 171-6.

[30] Barbara Taylor, "'The Men Are as Bad as Their Masters…': Socialism, Feminism, and Sexual Antagonism in the London Tailoring Trade in the Early 1830s", *Feminist Studies*, v. 5, n. 1, 1979, p. 10-2.

Por que, então, novamente, tal silêncio em Marx?

Sem dúvida, parte da resposta é que Marx não estava imune à tendência patriarcal de considerar o trabalho reprodutivo das mulheres uma atividade natural, instintiva, quase biológica. O fato de que, na primeira fase do desenvolvimento capitalista, o trabalho reprodutivo das mulheres foi (de acordo com a terminologia dele) apenas "formalmente subsumido" à produção capitalista[31], ou seja, ainda não fora remodelado para atender às necessidades específicas do mercado de trabalho, possivelmente contribuiu para essa naturalização. Contudo, um teórico tão rigoroso como foi Marx deveria ter percebido que, embora o trabalho doméstico *parecesse* uma atividade milenar, que apenas satisfazia as "necessidades naturais" e pessoais, nada mais nada menos que a produção de mercadorias, era, na verdade, um tipo de trabalho específico sob o ponto de vista histórico. Um trabalho resultante da separação entre produção e

---

[31] Marx usa o conceito de subsunção "formal", em contraposição à "real", que descreve o processo pelo qual, na primeira fase da acumulação capitalista, o capital se apropria do trabalho "como o encontra", "a natureza universal do processo de trabalho não se altera em nada" (*Capital*, v. I, cit., p. 1.021 [ed. bras.: *O capital*, Livro I, cit., p. 262]). Em contrapartida, temos a "subsunção real" quando o capital molda o processo de trabalho/produção diretamente, visando a seus fins. É com a introdução do "salário familiar" e com a reconstituição da família proletária nas décadas entre 1870 e a Primeira Guerra Mundial que ocorre essa transformação, como mostro na segunda parte deste texto. No entanto, como Harry Cleaver apontou em resposta à leitura deste artigo, devemos sobreavaliar a mudança. Ou seja, "como no trabalho de produção de outras mercadorias que não a força de trabalho, a história mostra uma evolução mista clara, com bastante coexistência entre os modos. Por exemplo, embora tenha demorado muito para que a classe capitalista se engajasse ativamente no ensino de 'economia doméstica', ela estava ativamente envolvida na organização de moradias para a classe trabalhadora, como Engels descreveu em *A situação da classe trabalhadora na Inglaterra* (1845) e retomou em *Sobre a questão da moradia* (1872). Esse debate também é abordado por Marx na parte VII de *O capital*. E, claro, o vestuário da classe trabalhadora era o maior mercado para os produtos das primeiras indústrias têxteis capitalistas".

reprodução (que nunca existiu em sociedades pré-capitalistas nem, principalmente, em sociedades não governadas pela lei do valor de troca) e essencial, nas comunidades proletárias, para a produção de força de trabalho[32].

Será que Marx permaneceu em silêncio em relação ao trabalho doméstico porque "não enxergou as forças sociais capazes de converter o trabalho doméstico em uma orientação revolucionária?". Essa é uma questão legítima quando "lemos Marx politicamente", como Harry Cleaver argumentou que deveríamos fazer[33], e levamos em consideração que, ao desenvolver sua teoria, ele esteve sempre interessado nas implicações e no potencial que ela teria em termos de organização[34]. Também é possível que ele tenha sido cauteloso na questão do trabalho doméstico porque temia que chamar atenção para esse trabalho poderia fazer que sindicatos e reformistas da classe burguesa o glorificassem a fim de justificar a exclusão das mulheres do trabalho industrial[35]. Mas uma resposta mais plausível é que o desinteresse de Marx pelo trabalho doméstico tinha raízes mais profundas, decorrentes de sua concepção de

---

[32] Ver, sobre esse assunto: Leopoldina Fortunati, *The Arcane of Reproduction*, cit.; Silvia Federici, *Caliban and the Witch: Women, the Body and Primitive Accumulation* (Nova York, Autonomedia, 2004) [ed. bras.: *Calibã e a bruxa: mulheres, corpo e acumulação primitiva*, trad. Coletivo Sycorax, São Paulo, Elefante, 2017], sobretudo o cap. 2.

[33] Minha referência aqui é a Harry Cleaver, *33 Lessons on Capital – Reading Marx Politically* (Londres, Pluto, 2019), p. 58.

[34] Esse é um aspecto no qual Antonio Negri insiste em *Marx beyond Marx: Lessons on the Grundrisse* (Nova York/Londres, Autonomedia/Pluto, 1991 [1979]), p. 182 [ed. bras.: *Marx além de Marx – ciência da crise e da subversão*, trad. Bruno Cava, São Paulo, Autonomia Literária, 2016].

[35] Como Wally Seccombe, entre outros, registra, mesmo nos sindicatos a demanda por salários mais altos para os trabalhadores era muitas vezes travada com o argumento de que as esposas deles poderiam voltar ao papel que lhes era adequado. Wally Seccombe, *Weathering the Storm*, cit., p. 114-9.

"trabalho", do que considerava valioso nele e quais formas de trabalho julgava relevantes para o desenvolvimento capitalista e "a luta de classes".

Sobre o conceito de trabalho em Marx

"Trabalho", em Marx, se refere a atividades e relações sociais qualitativamente diferentes. Varia das "atividades livres" desempenhadas sem qualquer restrição externa, como a realização de um propósito consciente e autodeterminado que permite o livre exercício das faculdades mentais e físicas (a mais elevada forma de trabalho, em sua opinião, aquela que nos caracteriza como espécie e é uma necessidade primária de nossa vida), às várias formas de trabalho que satisfazem necessidades materiais.

É evidente que, para Marx, há uma imensa diferença entre as atividades realizadas por necessidade, mas sem exploração, e aquelas executadas sob a coação de um comando externo. Sobre as primeiras, ele escreve que, "como criador de valor de uso", "o trabalho é, assim, uma condição de existência do homem, independente de todas as formas sociais, eterna necessidade natural de mediação do metabolismo entre homem e natureza e, portanto, da vida humana"*.

Já as segundas, para Marx, representam o trabalho alienado, a autoalienação em vez da autorrealização[36]. No entanto, ele via de forma positiva o trabalho industrial assalariado, atribuindo-lhe um caráter formativo, argumentando que dotava trabalhadoras e

---

* Ed. bras.: *O capital*, Livro I, cit., p. 120. (N. E.)

[36] Ver "Alienated Labor", em Karl Marx, *Economic and Philosophical Manuscripts of 1844* (Moscou, Foreign Languages, 1961) [ed. bras.: *Manuscritos econômico-filosóficos*, trad. Jesus Ranieri, São Paulo, Boitempo, 2004].

trabalhadores de aptidões, conhecimentos e atitudes necessárias à gestão da vida econômica e social[37]. O trabalho industrial, aliás, é valorizado por Marx como altamente produtivo e cooperativo, que pode, uma vez sob o controle da classe trabalhadora, reduzir o tempo e as energias que devemos dedicar à satisfação de nossas necessidades[38] e, assim, nos libertar para "atividades superiores", que consistem, segundo descrição feita por ele mesmo, em ocupações literárias, artísticas e científicas, bem distantes das tarefas diárias do trabalho doméstico.

Proponho que Marx tenha ignorado o trabalho doméstico por este não ser uma "atividade livre", no sentido que descrevi, sendo totalmente contaminado pela necessidade de sobrevivência, nem uma atividade capaz de nos libertar do trabalho, parecendo, pelo contrário, uma forma arcaica de trabalho, uma herança rudimentar

---

[37] A visão de Marx sobre o trabalho industrial como um tipo de trabalho mais racional, mais educativo (no sentido amplo da palavra), nos faz lembrar do que Alfred Marshall, pai da teoria marginal, chamou mais tarde, em *Princípios de economia* (1890), de "habilidade geral para o trabalho". Marshall descreveu o conceito como uma habilidade nova, que em sua época era dominada por poucos trabalhadores e trabalhadoras do mundo, que "não era específica de nenhuma ocupação", mas desejada por todas as pessoas, permitindo à mão de obra manter qualquer tipo de trabalho por muito tempo, "ter em mente muita coisa ao mesmo tempo [...], se acomodar facilmente a qualquer mudança nos detalhes do trabalho executado, ser constante e digno de confiança". Marshall, entretanto, alinhado com reformistas do século XIX, insistiu que a principal causa da produção dessa "habilidade geral" foi o trabalho doméstico e, em especial, a "mãe", motivo pelo qual ele se opôs ao emprego externo para as mulheres. Marx, em contrapartida, se cala sobre o trabalho das mães, observando apenas sua ausência, e mais ainda, silencia sobre o potencial do trabalho reprodutivo como base. Alfred Marshall, *Principles of Economics – An Introductory Volume* (Londres, Macmillan, 1938), p. 206-7 [ed. bras.: *Princípios de economia – tratado introdutório*, trad. Rômulo Almeida e Ottolmy Strauch, São Paulo, Nova Cultural, 1996, p. 263-4].

[38] Sobre o trabalho industrial como promoção da cooperação, do aumento da produtividade laboral, reduzindo assim o tempo necessário para produzir mercadorias, e como nivelador, ver *Capital*, v. I, cit., p. 517, 526 e 545 [p. 446, 475, 492].

das sociedades pré-capitalistas, prestes a ser suplantada pelo progresso da industrialização.

Marx nunca especulou sobre como o trabalho reprodutivo e especificamente o trabalho doméstico seria (re)organizado no comunismo. Como Engels, ele ansiava por um mundo pós-capitalista em que, ao se juntar aos homens nas fábricas, as mulheres conquistariam igualdade, e elogiou a industrialização por possibilitar a entrada das mulheres na "produção social"[39], da qual elas supostamente nunca tinham participado[40]. Nesse sentido, ao fim do capítulo "Maquinaria e grande indústria", ao discutir a instauração do ensino básico para crianças operárias, ele escreveu que,

> por terrível e repugnante que pareça a dissolução do velho sistema familiar no interior do sistema capitalista, não deixa de ser verdade que a grande indústria, ao conferir às mulheres, aos adolescentes e às crianças de ambos os sexos um papel decisivo nos processos socialmente organizados da produção situados fora da esfera doméstica, cria o novo fundamento econômico para uma forma superior da família e da relação entre os sexos.[41]

---

[39] Ibidem, p. 739 [p. 667].

[40] No entanto, Gisela Boch e Barbara Duden argumentam que não há base histórica para a ideia, à qual Marx e diferentes socialistas subscreveram, de que o desenvolvimento do capitalismo, "com o aumento do trabalho industrial das mulheres, as libertou e as liberta da imemorial dominação feudal do trabalho doméstico e da tutela dos homens", Gisela Boch e Barbara Duden, "Love as Labor. On the Genesis of Housework in Capitalism", em Edith Hoshino Altbach (org.), *From Feminism to Liberation* (Cambridge, MA, Schenkman, 1980), p. 157. Também é altamente questionável que as mulheres tenham sido atraídas para o trabalho industrial devido à redução da necessidade de força física. A descrição que o próprio Marx nos dá do emprego de mulheres e crianças nas minas, bem como no sistema fabril, deve descartar essa suposição.

[41] Karl Marx, *Capital*, v. I, p. 620-1 [ed. bras.: *O capital*, Livro I, cit., p. 560].

Marx se enganou ao fazer essa previsão. Ameaçada pela luta de classes e pela possível extinção da força de trabalho, primeiro na Inglaterra, depois nos Estados Unidos, na mesma época em que ele terminava o Livro I de *O capital*, a classe capitalista iniciou uma ampla reforma social, levando à drástica redução do trabalho industrial feminino e a uma reconstrução da família da classe trabalhadora que aprofundou as desigualdades de gênero.

Marx não previu essa mudança. Embora ciente do imenso desperdício de vidas que o sistema capitalista produziu, ele não percebeu que o que estava em jogo na introdução de uma "legislação protetora", por meio da qual mulheres e crianças foram gradualmente afastadas das fábricas, era mais que uma reforma da indústria. Reduzir as horas de trabalho das mulheres foi o caminho para uma nova estratégia de classe que realocou as proletárias no lar, para atender à reprodução diária e geracional da força de trabalho. Com esse movimento, o capital foi capaz de não apenas dissipar a ameaça da insurgência da classe trabalhadora, que crescia novamente na década de 1870, mas também criar um novo tipo de trabalhador: mais forte, mais disciplinado, mais resistente, mais apto a atingir os objetivos do sistema – na verdade, o tipo de trabalhador que olharia para os requisitos da produção capitalista "como leis naturais e evidentes por si mesmas"[42]. Esse foi o tipo de trabalhador que permitiu aos capitalismos britânico e estadunidense do fim do século fazer uma mudança tecnológica e social da indústria leve para a pesada, da indústria têxtil para o aço, da extração de trabalho excedente com base na extensão da jornada de trabalho para aquela baseada na

---

[42] Ibidem, p. 899 [p. 808].

redução da jornada de trabalho, compensada pela intensificação da exploração.

Como argumentarei posteriormente[43], a criação da família da classe trabalhadora e da dona de casa, proletária, em tempo integral foi parte essencial da transição do mais-valor absoluto para o mais-valor relativo. Nesse meio-tempo, o próprio trabalho doméstico passou por um processo de "subsunção real", tornando-se, pela primeira vez, o objeto de uma iniciativa estatal específica, que o vinculava mais fortemente às necessidades do mercado de trabalho e da disciplina capitalista de trabalho. Coincidindo com o apogeu da expansão imperial britânica (que gerou imensas riquezas para o país e também elevou o salário de trabalhadores e trabalhadoras), essa inovação não foi o único fator responsável pela pacificação da força de trabalho. Mas foi um acontecimento marcante, inaugurando a estratégia que mais tarde culminou com o fordismo e o New Deal, por meio do qual a classe capitalista investiria na reprodução da força de trabalho para torná-la mais disciplinada e produtiva. Esse foi o "acordo" que durou até a década de 1970, quando o levante global das mulheres e o movimento feminista deram um fim a isso.

Feminismo, marxismo e a questão da reprodução

Embora Marx, enquanto defensor da "emancipação das mulheres" por meio do envolvimento na produção social, compreendida predominantemente como trabalho na indústria, tenha inspirado gerações de socialistas, um Marx diferente foi descoberto nos anos

---

[43] Ver "Origens do trabalho doméstico na Inglaterra: a reconstrução da família proletária, trabalho doméstico e o patriarcado do salário", neste volume, p. 157-70.

1970 pelas feministas, que, revoltadas com o trabalho doméstico e com a dependência econômica em relação aos homens, à qual estavam submetidas, se voltaram para a obra do autor em busca de uma teoria capaz de explicar a opressão das mulheres sob o ponto de vista da classe. O resultado foi uma revolução teórica que transformou tanto o marxismo como o feminismo.

A análise de Mariarosa Dalla Costa sobre o trabalho doméstico como elemento-chave na produção da força de trabalho[44] e a proposta de Selma James de localizar a dona de casa em uma continuidade com o mundo do proletariado não assalariado[45] que nunca foi central para a acumulação do capital, a redefinição da relação salarial como instrumento de naturalização e ocultação de áreas inteiras de exploração – esses dois desenvolvimentos teóricos e as discussões que provocaram foram descritos algumas vezes como um "debate sobre a vida doméstica", supostamente responsável por investigar se o trabalho doméstico é ou não é produtivo. Mas isso é uma distorção grosseira. Descobrir a centralidade do trabalho não remunerado das mulheres no lar para a produção de mão de obra redefiniu não apenas o trabalho doméstico, mas a natureza do próprio capitalismo e a luta contra ele.

Não surpreende que a discussão de Marx sobre a "Reprodução simples" tenha iluminado teoricamente esse processo. Descobrir em Marx que as atividades que reproduzem a força de trabalho são essenciais à acumulação capitalista provou a dimensão de classe de nossa rejeição. Mostrou que esse trabalho, tão menosprezado, sempre aceito como algo natural e sempre rejeitado por socialistas

---

[44] Mariarosa Dalla Costa, "Women and the Subversion of the Community", cit., p. 31.

[45] Selma James, "Sex, Race and Class", cit., p. 92-101.

como ultrapassado, tem sido, na verdade, o pilar da organização capitalista do trabalho. Isso solucionou a controversa questão da relação entre gênero e classe e nos deu as ferramentas para analisar conceitualmente não apenas a função da família, mas a profundidade do antagonismo de classe que está na raiz da sociedade capitalista. De um ponto de vista prático, essa leitura confirmou que, como mulheres, não temos de nos juntar aos homens nas fábricas para sermos parte da classe trabalhadora e ingressar em uma luta anticapitalista. Poderíamos lutar de forma autônoma, começando a partir de nosso trabalho em casa, como o "centro nervoso" da produção da mão de obra[46]. E nossa luta teria de ser travada primeiro contra os homens de nossa própria família, uma vez que, por meio do salário deles, pelo casamento e pela ideologia do amor, o capitalismo fortaleceu o poder dos homens para supervisionar e comandar nosso trabalho não remunerado e disciplinar nosso tempo e nosso espaço. Paradoxalmente, então, nosso encontro e a apropriação da análise marxiana da reprodução da força de trabalho, que consagra, de certa forma, a importância de Marx para o feminismo, também nos oferecem uma evidência conclusiva de que devemos virar Marx de cabeça para baixo e começar nossa luta precisamente a partir daquela parte da "fábrica social" que ele excluiu de sua obra.

Descobrir a centralidade do trabalho reprodutivo para a acumulação do capital também fez emergir a questão de como seria uma história do desenvolvimento capitalista se observada não do ponto de vista da formação do proletariado assalariado, mas do ponto de vista de cozinhas e quartos em que a força de trabalho é

---

[46] Leopoldina Fortunati, *The Arcane of Reproduction*, cit., p. 125.

produzida em termos diários e geracionais. A necessidade de uma perspectiva de gênero sobre a história do capitalismo – para além da "história das mulheres" ou da história do trabalho assalariado – foi o que me levou, entre outras coisas, a repensar o retrato feito por Marx da acumulação primitiva e descobrir as caças às bruxas dos séculos XVI e XVII como momentos fundadores da desvalorização do trabalho das mulheres e da ascensão de uma divisão sexual do trabalho especificamente capitalista[47].

A compreensão simultânea de que, ao contrário da expectativa de Marx, a acumulação primitiva se tornou um processo permanente também coloca em dúvida a concepção dele de desenvolvimento capitalista como condição para a construção de uma sociedade comunista. Isso invalida a visão de Marx da história como uma sucessão de estágios, na qual o capitalismo é retratado como o purgatório pelo qual precisamos passar rumo à liberdade.

O surgimento, no início dos anos 1980, do ecofeminismo, que fez a correlação entre a desvalorização do trabalho das mulheres e da reprodução por Marx e sua perspectiva de que a missão histórica da humanidade é a dominação da natureza, fortaleceu nossa posição. São particularmente importantes as obras de Maria Mies e Ariel Salleh, que demonstraram que o apagamento das atividades reprodutivas por Marx não é um elemento casual, contingente, das missões que ele atribuiu a *O capital*, mas, sim, um elemento sistêmico. Como diz Salleh, em Marx, tudo confirma que o que é criado pelo homem e pela tecnologia tem um valor superior: a história começa com o primeiro ato produtivo, os seres humanos se realizam por

---

[47] Silvia Federici, *Caliban and the Witch*, cit., p. 92-102 [ed. bras.: *Calibã e a bruxa*, cit., p. 181-205].

meio do trabalho, uma medida de sua autorrealização é a capacidade de dominar a natureza e adaptá-la às necessidades humanas, e todas as atividades transformadoras positivas são pensadas no masculino: descrevem-se o trabalho como o pai, a natureza como a mãe[48], e a terra também é vista como feminina – *Madame la Terre*, Marx diz, em contraposição a *Monsieur le Capital*.

Hoje, o imenso erro de cálculo de Marx e de gerações de socialistas marxistas relativo aos efeitos libertadores da industrialização são todos bem óbvios. Ninguém ousaria sonhar – como August Bebel fez em *Woman under Socialism* [A mulher no socialismo], de 1903 – com o dia em que a comida seria toda produzida quimicamente e as pessoas carregariam uma caixa de substâncias químicas com as quais supririam sua provisão de proteína, gordura e carboidratos, independentemente da hora do dia ou da estação do ano[49]. À medida que a industrialização, atualmente em sua forma digital, vai corroendo a terra e que os cientistas que estão a serviço do capital fazem experimentos de produção de vida fora do corpo das mulheres, a ideia de ampliar a industrialização para todas as atividades reprodutivas e todos os cantos do mundo é um pesadelo pior que este que já estamos vivenciando com a total industrialização da agricultura.

Não surpreende que, nos círculos radicais, estejamos testemunhando uma "mudança de paradigma", uma vez que a esperança na máquina como força motriz do "progresso histórico" vem sendo substituída por um novo enfoque do trabalho político em relação a problemas, valores e relações atrelados à reprodução da vida

---

[48] Ariel Salleh, *Ecofeminism as Politics: Nature, Marx and the Postmodern* (Londres, Zed, 1997), p. 72-6.

[49] August Bebel, *Woman under Socialism* (Nova York, Schocken, 1971), p. 287-8.

humana e da vida dos ecossistemas em que habitamos. Disseram-
-nos que Marx também, nos últimos anos de vida, reconsiderou
sua perspectiva histórica e, ao ler sobre comunidades igualitárias
matrilineares do nordeste dos Estados Unidos, começou a repensar sua idealização do desenvolvimento capitalista, industrial, e a
apreciar a força das mulheres[50]. Mesmo assim, a visão prometeica
do desenvolvimento tecnológico que Marx e toda a tradição marxista promoveram, longe de perder seu poder de atração, retorna:
para algumas pessoas, a tecnologia digital representa o mesmo
papel emancipador que Marx atribuiu à automação, de modo que o
mundo da reprodução e o trabalho do cuidado – que as feministas
valorizaram como campo de transformação e luta – correm o risco
de ser eclipsados por ela. É por isso que, embora Marx tenha de-
dicado um espaço limitado às questões de gênero em sua obra e,
nos últimos anos, supostamente mudado algumas visões, continua
sendo importante discuti-las e enfatizar, como tentei fazer neste
ensaio, que os silêncios dele quanto a esse tema não são omissões,
e sim a indicação de um limite que sua obra teórica e política não
poderia superar, mas nossas obras devem fazê-lo.

---

[50] Sobre esse tema, ver a discussão de Heather A. Brown a respeito dos *Cadernos etnológicos* de Karl Marx, em *Marx on Gender and the Family*, cit., cap. 6 e 7.

Marx, feminismo e a constituição dos comuns

O comunismo não é para nós um *estado de coisas* [*Zustand*] que deve ser instaurado, um *Ideal* para o qual a realidade deverá se direcionar. Chamamos de comunismo o movimento *real* que supera o estado de coisas atual. As condições desse movimento [devem ser julgadas segundo a própria realidade efetiva. (S. M.)] resultam dos pressupostos atualmente existentes. (A. M.)

Karl Marx e Friedrich Engels[1]

Introdução

Quais ferramentas, princípios e ideias o marxismo pode oferecer à teoria e à política feministas de nossa época? Será que hoje podemos pensar em uma relação entre marxismo e feminismo distinta do "casamento infeliz" que Heidi Hartmann descreveu em um ensaio de 1979[2] bastante citado? Quais aspectos do marxismo são mais

---

[1] Karl Marx e Friedrich Engels, *The German Ideology* (Nova York, International Publishers, 1988), p. 56-7 [ed. bras.: *A ideologia alemã*, trad. Luciano Cavini Martorano, Nélio Schneider e Rubens Enderle, São Paulo, Boitempo, 2007, p. 38].

[2] Heidi I. Hartmann, "The Unhappy Marriage of Marxism and Feminism: Towards a more Progressive Union", *Capital and Class*, n. 3, 1979, p. 1-33.

importantes para reimaginarmos o feminismo e o comunismo no século XXI? E como o conceito de comunismo de Marx se compara ao princípio dos comuns*, paradigma político que inspira muito do pensamento radical feminista hoje?

Ao fazer essas perguntas, eu me junto ao diálogo sobre a construção de alternativas ao capitalismo que começou em acampamentos e praças planeta afora, onde, de formas contraditórias, mas criadoras de novas possibilidades, a sociedade de "participantes de práticas comunais" está surgindo, esforçando-se por construir espaços e relações sociais que não sejam governados pela lógica de mercado capitalista.

Todavia, avaliar o legado da visão de Marx sobre o comunismo no século XXI não é tarefa fácil. Somando-se à complexidade do pensamento de Marx, há o fato de que, no último período de sua vida, depois da derrota da Comuna de Paris, ele aparentemente abandonou alguns de seus axiomas políticos, em especial aqueles relacionados às precondições materiais para a construção de uma sociedade comunista[3]. Também especula-se que haja importantes

---

* O conceito de "comuns" [*the Commons*, em inglês] refere-se aos bens materiais e às condições sociais necessários à preservação e à reprodução da vida humana (entre os quais se incluem, por exemplo, a água, a terra, os saberes, a segurança social e, para alguns teóricos, a internet). A constituição dos comuns implica o desenvolvimento de relações comunais de compartilhamento desses recursos e representa uma contraposição à lógica da propriedade privada do capitalismo. (N. T.)

[3] Este argumento é baseado nas leituras de Cadernos etnológicos de Karl Marx, anotações que Marx reuniu nos últimos anos de vida como preparação para um trabalho maior sobre o assunto. Os comentários nesse material mostram que *Ancient Society* [A sociedade antiga], de Lewis Henry Morgan, "e, principalmente, a descrição detalhada dos iroqueses na obra ofereceram a Marx, pela primeira vez, vislumbres das possibilidades concretas de uma sociedade livre conforme havia existido na história" e a possibilidade de um caminho revolucionário que não fosse dependente do desenvolvimento de relações capitalistas. Rosemont afirma que Marx tinha Morgan em mente quando, em correspondência com revolucionários russos, ele considerou a possibilidade de um processo revolucionário na Rússia que passasse direto a formas comunais de propriedade,

diferenças entre suas duas principais obras, *O capital* e *Grundrisse*[4], e que Marx não é um autor cujo pensamento possa ser compreendido por meio de um conjunto fixo de formulações, já que "seu nível de análise mudava continuamente, junto com seu projeto político"[5].

Entretanto, duas coisas são certas

A linguagem política que Marx nos ofereceu ainda é necessária para pensar o mundo para além do capitalismo. Sua análise sobre mais-valor, dinheiro e forma-mercadoria e, acima de tudo, seu método – notável por dar à história e à luta de classes base material e por recusar-se a separar o econômico do político – ainda são indispensáveis, embora não suficientes, para a compreensão do capitalismo

---

com base nas comunas campesinas, e não por meio da dissolução destas. Ver Franklin Rosemont, "Karl Marx and the Iroquois", 2 jul. 2009. Disponível em: ‹http://libcom.org/library/karl-marx-iroquois-franklin-rosemont›; acesso em: 8 out. 2020. Sobre esse tema, ver também Kevin B. Anderson, "Marx's Late Writings on Non-Western and Precapitalist Societies and Gender", *Rethinking Marxism*, v. 14, n. 4, 2002, p. 84-96; e Teodor Shanin, *Late Marx and the Russian Road: Marx and the "Peripheries" of Capitalism* (Nova York, Monthly Review Press, 1983), p. 29-31.

4   Antonio Negri, por exemplo, afirmou que os *Grundrisse* deveriam ser vistos como o auge do pensamento de Marx e que *O capital* foi superestimado, pois foi nos *Grundrisse* que Marx desenvolveu seus principais conceitos e as definições mais radicais de comunismo. Ver Antonio Negri, *Marx beyond Marx: Lessons on the Grundrisse* (Nova York/Londres, Autonomedia/Pluto, 1991 [1979]), p. 5-4, 8-9 e 11-8 [ed. bras.: *Marx além de Marx – Ciência da crise e da subversão*, trad. Bruno Cava, São Paulo, Autonomia Literária, 2016]. Em contraposição, George Caffentzis afirma que *O capital* traz um conceito mais integrador de capitalismo e que, em suas obras tardias, Marx descartou algumas das principais teses dos *Grundrisse*, como a de que o capitalismo, por meio da automação da produção, pode superar a lei do valor. Ver George Caffentzis, "From the Grundrisse to Capital and beyond: Then and Now", *Workplace: A Journal for Academic Labor*, n. 15, set. 2008, p. 59-74. Disponível em: ‹https://ices.library.ubc.ca/index.php/workplace/article/view/182216›; acesso em: 8 out. 2020.

5   Ariel Salleh, *Ecofeminism as Politics: Nature, Marx and the Postmodern* (Londres, Zed, 1997), p. 71; Bertell Ollman, *Dialectical Investigations* (Nova York, Routledge, 1993).

contemporâneo. Não surpreende que, com o aprofundamento da crise econômica global, tenha ressurgido o interesse na obra de Marx que muitas pessoas não poderiam ter antecipado nos anos 1990, quando o pensamento dominante declarou sua teoria morta. Em vez disso, entre os destroços do socialismo real, amplos debates emergiram sobre questões relativas à "acumulação primitiva", às modalidades de "transição" e ao significado histórico e ético do comunismo e suas possibilidades. Combinada com princípios feministas, anarquistas, antirracistas e *queer*, a teoria de Marx continua a influenciar os rebeldes da Europa, das Américas e além. Um feminismo anticapitalista, portanto, não pode ignorar Marx. Na verdade, como Stevi Jackson argumentou, "até o início dos anos 1980, as perspectivas dominantes no interior da teoria feminista geralmente eram influenciadas pelo marxismo ou formuladas em diálogo com ele"[6]. No entanto, não há dúvidas de que devem ser dadas novas bases às categorias de Marx e de que devemos ir "além de Marx"[7]. Isso não ocorre apenas devido às transformações socioeconômicas que aconteceram desde a época de Marx, mas por causa dos limites na compreensão dele sobre as relações capitalistas – limites cuja importância política foi evidenciada pelos movimentos sociais do último meio século que trouxeram ao cenário mundial sujeitos que a teoria de Marx ignorou ou marginalizou.

Feminismo e o ponto de vista da reprodução social

As feministas fizeram importantes contribuições a esse processo, mas não estiveram sozinhas. Nos anos 1950 e 1960, como consequência

---

[6] Stevi Jackson, "Why a Materialist Feminism Is (Still) Possible", *Women's Studies International Forum*, v. 24, n. 3-4, 2001, p. 284.

[7] Antonio Negri, *Marx beyond Marx*, cit.

das lutas anticoloniais, teóricos políticos como Frantz Fanon[8] questionaram uma análise que, como a de Marx, se concentrava quase exclusivamente no trabalho assalariado e supunha um papel de vanguarda para o proletariado industrial metropolitano, marginalizando, assim, o lugar das pessoas escravizadas, colonizadas e não assalariadas, entre outras, no processo de acumulação e na luta anticapitalista. Esses teóricos e teóricas políticos perceberam que a experiência das colônias exigia reconsiderar o "marxismo como um todo" e que ou a teoria marxista poderia ser reformulada para incorporar as vivências de 75% da população mundial, ou deixaria de ser uma força libertadora para se tornar, em vez disso, um obstáculo à transformação revolucionária[9], pois camponeses, *peones*** e lumpens, que fizeram as revoluções do século XX, não demonstraram a disposição de esperar por uma futura proletarização ou pelo "desenvolvimento das forças produtivas" para exigir uma nova ordem mundial, como marxistas de vertente ortodoxa e partidos de esquerda os aconselharam a fazer.

Por sua vez, os revolucionários negros dos Estados Unidos, de W.E.B. Du Bois a Cedric Robinson, sublinharam a ausência, na obra de Marx, de uma análise das desigualdades raciais como uma

---

[8]   Como Frantz Fanon escreveu em *Os condenados da terra*: "É por isso que as análises marxistas deveriam ser sempre levemente expandidas todas as vezes que temos de lidar com o problema colonial. Tudo, incluindo a própria natureza da sociedade pré-capitalista, tão bem explicada por Marx, deve ser estudado novamente". Ver Frantz Fanon, *The Wretched of the Earth* (Nova York, Grove, 1986), p. 40 [ed. bras.: *Os condenados da terra*, trad. Enilce Albergaria Rocha e Lucy Magalhães, Juiz de Fora, Editora UFJF, 2006].

[9]   Roderick Thurton, "Marxism in the Caribbean", em *Two Lectures by Roderick Thurton. A Second Memorial Pamphlet* (Nova York, George Caffentzis & Silvia Federici, 2000).

*   Termo usado para designar pessoas que trabalham em regime de peonagem, ou seja, são escravizadas por meio de dívidas impagáveis com quem emprega sua força de trabalho. (N. T.)

característica estrutural da sociedade capitalista e da exploração capitalista do trabalho[10].

Ecologistas, inclusive alguns grupos ecossocialistas, também repreendem Marx por promover uma visão assimétrica e instrumental da relação humanidade-natureza, apresentando os seres humanos e o trabalho como únicos agentes ativos e recusando à natureza qualquer valor intrínseco e potencial de auto-organização[11]. Mas foi com a ascensão do movimento feminista que se pôde articular uma crítica mais sistemática ao marxismo, pois as feministas levaram para o debate não apenas as pessoas não assalariadas do mundo, como a vasta população de sujeitos sociais (mulheres, crianças e eventualmente homens) cujo trabalho no campo, na cozinha, no quarto e nas ruas produz e reproduz, todos os dias, a mão de obra e, com esses sujeitos, um conjunto de questões e lutas referentes à organização da reprodução social que Marx e a tradição política marxista mal chegam a mencionar.

É a partir dessa crítica que examino o legado da visão que Marx tem do comunismo, concentrando-me naqueles aspectos que são mais importantes para um programa feminista e uma política dos comuns, termo pelo qual me refiro às muitas práticas e perspectivas, adotadas globalmente por movimentos sociais, que hoje buscam

---

[10] Ver, sobre este assunto, W.E.B. Du Bois, "Marxism and the Negro Problem", *The Crisis*, maio 1933, p. 103-4 e 108, e Cedric Robinson, *On Racial Capitalism, Black Internationalism and Cultures of Resistance* (Londres, Pluto, 2019).

[11] Ver, por exemplo, Joel Kovel, "On Marx and Ecology", *Capitalism, Nature, Socialism*, v. 22, n. 1, set. 2011, p. 11-4. Kovel afirma que Marx permaneceu prisioneiro de um ponto de vista cientificista e produtivista, postulando "uma natureza passiva, agredida por um Homem ativo", e encorajando "o completo desenvolvimento das forças produtivas" (p. 13 e 15). Existe, entretanto, um longo debate sobre o tema ao qual posso me referir apenas superficialmente. Ver, por exemplo, John Bellamy Foster, "Marx and the Environment", *Monthly Review*, jul.-ago. 1995, p. 108-23.

expandir a cooperação social, destruir o controle do mercado e do Estado sobre nossa vida, promover o compartilhamento de riquezas e, dessa forma, dar fim à acumulação capitalista.

Antecipando minhas conclusões, argumento que a visão de Marx do comunismo como sociedade que está além do valor de troca, da propriedade privada e do dinheiro, baseada em associações de produtores e produtoras livres e governados pelo princípio "a cada pessoa de acordo com suas necessidades, de cada pessoa de acordo com suas habilidades", representa um ideal ao qual nenhuma feminista anticapitalista pode fazer objeções. As feministas também podem aceitar a imagem inspiradora de Marx de um mundo que esteja além da divisão social do trabalho, embora talvez queiram garantir que entre a caça matinal, a pesca vespertina e a crítica depois do jantar (a visão de Marx de uma vida satisfatória na sociedade pós-capitalista)* sobre algum tempo para que todo mundo participe da limpeza e do cuidado das crianças. Entretanto, a política feminista nos ensina que não podemos aceitar a concepção marxiana sobre o que constitui trabalho e luta de classes e, mais fundamental ainda, devemos rejeitar a noção – que permeia a maior parte das obras publicadas de Marx – de que o capitalismo é ou foi um estágio necessário na história da emancipação humana, precondição para a construção de uma sociedade comunista. Isso deve ser afirmado de modo consistente, pois a ideia de que o desenvolvimento capitalista amplia tanto a autonomia de trabalhadores e trabalhadoras quanto a cooperação social – e, desse modo, opera no sentido da própria dissolução – se mostrou claramente inviável.

---

* Ver Karl Marx e Friedrich Engels, *A ideologia alemã*, cit., p. 38. (N. T.)

Muito mais importante para a política feminista que qualquer projeção ideal de uma sociedade pós-capitalista são a crítica implacável de Marx à acumulação capitalista e o método elaborado por ele, a começar por sua leitura do desenvolvimento capitalista como resultado de relações sociais antagônicas. Em outras palavras, como Roman Rosdolsky[12] e Antonio Negri[13], entre outros, afirmaram, mais que o revolucionário visionário projetando um mundo em que a libertação foi alcançada, o Marx que nos interessa é o teórico da luta de classes, que recusou qualquer programa político que não fosse enraizado em possibilidades históricas reais e que perseguiu, em toda a sua obra, a destruição das relações capitalistas, enxergando a realização do comunismo no movimento de abolição do presente estado de coisas. Desse ponto de vista, o método materialista histórico de Marx – segundo o qual, para compreender a história e a sociedade, devemos compreender as condições materiais da reprodução social – é crucial para uma perspectiva feminista. Reconhecer que a subordinação social é um produto histórico, enraizado em uma organização específica do trabalho, teve um efeito libertador sobre as mulheres. Desnaturalizou a divisão sexual do trabalho e as identidades que se erigiram com base nela, projetando categorias de gênero não apenas como construções sociais, mas como conceitos cujo conteúdo é redefinido com frequência, infinitamente móvel, indeterminado, sempre carregado politicamente. De fato, muitos debates feministas sobre a validade das "mulheres" como categoria analítica e política poderiam ter sido solucionados com

---

[12] Roman Rosdolsky, *The Making of Marx's Capital* (Londres, Pluto, 1977) [ed. bras.: *Gênese e estrutura de O capital de Karl Marx*, trad. César Benjamin, Rio de Janeiro, Contraponto/Editora UERJ, 2011].

[13] Antonio Negri, *Marx beyond Marx*, cit.

facilidade se esse método fosse aplicado, pois ele nos ensina que é possível expressar um interesse comum sem atribuir formas fixas e unificadas de comportamento e condição social.

Analisar a posição social das mulheres sob o prisma da exploração capitalista do trabalho também revela a continuidade entre discriminação de gênero e discriminação de raça e nos possibilita transcender a política de direitos que pressupõe a manutenção da ordem social existente e falha em confrontar as forças sociais antagônicas presentes no caminho da libertação das mulheres. Entretanto, como muitas feministas demonstraram, Marx não aplicou seu próprio método de forma consistente, ao menos não na questão da reprodução e das relações de gênero. Conforme demonstraram as teóricas do movimento Wages for Housework – Mariarosa Dalla Costa[14], Selma James[15] e Leopoldina Fortunati[16] – e teóricas ecofeministas como Maria Mies[17] e Ariel Salleh[18], existe uma nítida contradição no cerne do pensamento de Marx. Embora tome a exploração do trabalho como o elemento-chave na produção da riqueza capitalista, ele também deixa de fora da teorização algumas atividades e relações sociais que são essenciais para a produção da força de trabalho, como o trabalho sexual, a procriação, o cuidado das crianças e o trabalho doméstico. Marx reconhece que

---

[14] Mariarosa Dalla Costa, "Women and the Subversion of the Community", em Mariarosa Dalla Costa e Selma James (orgs.), *The Power of Women and the Subversion of the Community* (3. ed., Bristol, Falling Wall, 1975).

[15] Selma James, *Sex, Race and Class* (Bristol, Falling Wall/Race Today, 1975), reeditado como pós-escrito em *Sex, Race, and Class: The Perspective of Winning – A Selection of Writings, 1952-2011* (Oakland, PM, 2012), p. 92-101.

[16] Leopoldina Fortunati, *The Arcane of Reproduction: Housework, Prostitution, Labor and Capital* (Nova York, Autonomedia, 1995 [1981]).

[17] Maria Mies, *Patriarchy and Accumulation on a World Scale: Women in the International Division of Labor* (Londres, Zed, 1986).

[18] Ariel Salleh, *Ecofeminism as Politics*, cit.

nossa capacidade de trabalho não é dada, e sim produto da atividade social[19] que sempre assume uma forma histórica, pois "fome é fome, mas uma fome que é saciada pela carne cozida comida com garfo e faca é diferente da fome que devora a carne crua com a ajuda de mãos, unhas e dentes"[20]. Mesmo assim, não encontramos em sua obra publicada qualquer análise sobre o trabalho doméstico, a família e as relações de gênero específicas do capitalismo, exceto reflexões esparsas no sentido de que a primeira divisão do trabalho estava no ato sexual[21], de que a escravidão é latente na família[22], e assim por diante. No Livro I de *O capital*, o trabalho sexual nunca é considerado, mesmo na forma remunerada, já que as prostitutas são excluídas, ao lado de pessoas criminosas e desocupadas, até mesmo da esfera de "miseráveis"[23], associadas ao "lumpemproletariado" que, em *O 18 de brumário*[24], Marx menosprezou como eternamente incapaz de

---

[19] Conforme Marx: "O valor da força de trabalho, como o de todas as outras mercadorias, é determinado pelo tempo de trabalho necessário para a produção – e, consequentemente, também para a reprodução – desse artigo específico. Como valor, a força de trabalho representa apenas uma quantidade determinada do trabalho social médio nela objetivado. A força de trabalho existe apenas como disposição do indivíduo vivo. Sua produção pressupõe, portanto, a existência dele. Dada a existência do indivíduo, a produção da força de trabalho consiste em sua própria reprodução ou manutenção". Karl Marx, *Capital*, v. I (Londres, Penguin, 1990), p. 274 [ed. bras.: *O capital. Crítica da economia política*, Livro I: *O processo de produção do capital*, trad. Rubens Enderle, São Paulo, Boitempo, 2011, p. 245].

[20] Karl Marx, *A Contribution to the Critique of Political Economy* (Nova York, International Publishers, 1989), p. 197 [ed. bras.: *Contribuição à crítica da economia política*, trad. Maria Helena Barreiro Alves, São Paulo, WMF Martins Fontes, 2011).

[21] Karl Marx e Friedrich Engels, *The German Ideology*, cit., p. 51 [ed. bras.: *A ideologia alemã*, cit., p. 35].

[22] Ibidem, p. 52 [p. 36-7].

[23] Karl Marx, *Capital*, v. I, cit., p. 797 [ed. bras.: *O capital*, Livro I, cit., p. 719].

[24] Idem, *The 18th of Brumaire* (Nova York, International Publishers, 1963), p. 75 [ed. bras.: *O 18 de brumário de Luís Bonaparte*, trad. Nélio Schneider, São Paulo, Boitempo, 2011, p. 91].

transformar a própria condição social. O trabalho doméstico é tratado em duas notas de rodapé: uma registra seu desaparecimento das casas das mulheres operárias, sobrecarregadas durante a Revolução Industrial, e a outra observa que a crise provocada pela Guerra Civil nos Estados Unidos levou as trabalhadoras do setor têxtil da Inglaterra de volta a suas obrigações domésticas[25]. A procriação é geralmente tratada como função natural[26], e não como uma forma de trabalho que, no capitalismo, está subordinada à reprodução da mão de obra e, portanto, sujeita à regulação estatal específica. Mesmo quando apresenta sua teoria da "superpopulação relativa"[27], Marx mal menciona o interesse do capital e do Estado na capacidade reprodutiva das mulheres, atribuindo a determinação de uma superpopulação às exigências da inovação tecnológica[28], ainda que

---

[25] Isso acontece em uma nota de rodapé de "Maquinaria e grande indústria", em comentário à crescente substituição de trabalhadoras por trabalhadores, resultante da introdução da maquinaria na fábrica, "atirando todos os membros da família no mercado de trabalho". Ele escreve: "Como certas funções da família, por exemplo, cuidar das crianças e amamentá-las etc., não podem ser inteiramente suprimidas, as mães de família confiscadas pelo capital têm de arranjar quem as substitua em maior ou menor medida. É necessário substituir por mercadorias prontas os trabalhos domésticos que o consumo da família exige, como costurar, remendar etc. A um dispêndio menor de trabalho doméstico corresponde, portanto, um dispêndio maior de dinheiro, de modo que os custos de produção da família operária crescem e contrabalançam a receita aumentada". Karl Marx, *Capital*, v. I, cit., p. 518, nota 38 [ed. bras.: *O capital*, Livro I, cit., p. 469, nota 121]. Referindo-se a essa passagem, Leopoldina Fortunati observou que "Marx conseguia enxergar o trabalho doméstico apenas quando o capital o destruía e o enxergava por meio da leitura de relatórios governamentais que haviam demonstrado os problemas causados pela usurpação do trabalho doméstico muito antes". Leopoldina Fortunati, *The Arcane of Reproduction*, cit., p. 169.

[26] Marx escreve, por exemplo, que "o aumento natural da massa trabalhadora não satisfaça plenamente às necessidades de acumulação do capital". Karl Marx, *Capital*, v. I, cit., p. 794 [ed. bras.: *O capital*, Livro I, cit., p. 716].

[27] Ibidem, p. 794 e seg. [p. 716 e seg.].

[28] Ibidem, p. 782 [p. 704].

argumente que a exploração de crianças trabalhadoras estabelece um acréscimo à produção[29].

Devido a essas omissões, muitas feministas têm acusado Marx de reducionismo e visto a integração entre feminismo e marxismo como um processo de subordinação[30]. As autoras que citei, entretanto, têm provado que podemos trabalhar com as categorias de Marx[31], mas devemos reconstruí-las e alterar sua ordem arquitetônica para que o centro de gravidade não seja exclusivamente o trabalho assalariado e a produção de mercadoria, mas inclua a produção e a reprodução da força de trabalho, sobretudo daquela parcela executada pelas mulheres em casa. Pois, ao fazermos isso, tornamos visível um terreno crucial de acumulação e luta, bem como toda a dimensão da dependência do capital em relação ao trabalho não remunerado e à duração total da jornada de trabalho[32]. De fato, ao expandir a teoria de Marx sobre o trabalho produtivo para incluir o trabalho reprodutivo em suas diferentes dimensões, não podemos apenas compor uma teoria das relações de gênero no capitalismo, mas obter um conhecimento renovado sobre a luta de classes e os meios pelos quais o capitalismo se reproduz pela

---

[29] Ibidem, p. 795 [p. 717]. Marx não elucida, entretanto, quem determina essa produção aumentada – uma questão apropriada, dado que ainda no Livro I de *O capital* as descrições das relações maternas nos distritos industriais da Inglaterra indicam uma recusa generalizada às atividades maternais, a ponto de preocupar responsáveis pelo desenvolvimento de políticas públicas e contratantes da força de trabalho na época. Ver ibidem, p. 521, nota, p. 522 [p. 475, nota 142 e p. 476, nota 144].

[30] Heidi I. Hartmann, "The Unhappy Marriage of Marxism and Feminism", cit., p. 1.

[31] Uma exceção é Maria Mies, que tem afirmado repetidas vezes que, no interior do marxismo, é impossível pensar as relações de gênero. Maria Mies, *Patriarchy and Accumulation on a World Scale*, cit.

[32] Silvia Federici, *Revolution at Point Zero. Housework, Reproduction and Feminist Struggle* (Oakland, PM, 2012), p. 38 [ed. bras.: *O ponto zero da revolução: trabalho doméstico, reprodução e luta feminista*, trad. Coletivo Sycorax, São Paulo, Elefante, 2019, p. 82-3].

criação de diferentes regimes de trabalho e outras formas irregulares de desenvolvimento e subdesenvolvimento.

Colocar a reprodução da força de trabalho no centro da produção capitalista traz à luz um universo de relações sociais que permanece invisível em Marx, mas é essencial para expor os mecanismos que regulam a exploração do trabalho. Isso revela que o trabalho não remunerado que o capital extrai da classe trabalhadora é bem maior do que Marx imaginou, estendendo-se tanto ao trabalho doméstico que se tem esperado que as mulheres realizem como à exploração de trabalhadores e trabalhadoras nas colônias e periferias do mundo capitalista. Aliás, existe uma continuidade entre a desvalorização da reprodução da força de trabalho presente no lar e a desvalorização do trabalho empregado nas muitas plantações que o capitalismo estabeleceu nas regiões por ele colonizadas, bem como nas áreas centrais da industrialização. Nos dois casos, as formas de trabalho e coerção envolvidas não foram apenas naturalizadas, mas ambas se tornaram parte de uma linha de montagem global desenhada para reduzir os custos de reprodução de mão de obra assalariada. Nessa linha, o trabalho doméstico atribuído às mulheres como destino natural se une e se reveza com o trabalho de milhões de campesinas, agricultoras de subsistência e trabalhadoras informais que cultivam e produzem por uma ninharia as mercadorias que a mão de obra assalariada consome ou, ainda, fornecem a custo reduzido os serviços que a reprodução dessa mão de obra exige. Por isso, as hierarquias de trabalho que tantas ideologias racistas e machistas tentaram justificar, mas que apenas demonstram que a classe capitalista conservou seu poder por meio de um sistema de domínio indireto, dividindo a classe trabalhadora de forma eficaz, em que o salário é usado para delegar aos trabalhadores do sexo masculino o poder sobre as pessoas não assalariadas, a começar pelo controle e a supervisão do corpo e do trabalho das mulheres. Isso significa que o salário não é apenas um campo de confronto entre capital e trabalho – campo no qual a classe trabalhadora negocia a quantidade e a constituição do trabalho socialmente necessário –, mas é também um instrumento para criar relações de poder e hierarquias desiguais entre a mão de obra. Isso significa, também, que a cooperação entre a classe trabalhadora no processo de trabalho não é suficiente para unificá-la. Consequentemente, a luta de classes é um processo muito mais complicado do que Marx supôs. Como as feministas descobriram, a luta de classes deve se iniciar, muitas vezes, na família, já que, a fim de combater o capitalismo, as mulheres tiveram de se opor a maridos e pais, da mesma forma que pessoas negras tiveram de se opor a trabalhadoras e trabalhadores brancos e ao tipo particular de composição de classe que o capitalismo impõe por meio da relação assalariada. Por fim, reconhecer que é o trabalho doméstico que produz a mão de obra nos permite compreender as identidades de gênero como funções do trabalho e as relações de gênero como relações de produção, um ato que liberta as mulheres da culpa sofrida sempre que desejamos recusar o trabalho doméstico e que amplia o sentido do princípio feminista de que "o pessoal é o político".

Por que Marx negligenciou o fato de que o próprio papel do trabalho reprodutivo é essencial para a produção da força de trabalho? Sugeri, em outro texto[33], que as condições da classe trabalhadora na Inglaterra na época de Marx podem nos oferecer uma explicação. Quando ele estava escrevendo *Das Kapital*, uma quantidade muito

---

[33] Ibidem, p. 94-5 [p. 199-200].

pequena de trabalho doméstico era realizada na família de classe trabalhadora (como o próprio Marx reconheceu), pois as mulheres cumpriam jornadas nas fábricas ao lado dos homens, do amanhecer ao pôr do sol. O trabalho doméstico, como uma ramificação da produção capitalista, estava fora do horizonte histórico e político de Marx. Apenas na segunda metade do século XIX, depois de duas décadas de revoltas da classe trabalhadora, durante as quais o espectro do comunismo assombrou a Europa, a classe capitalista começou de fato a investir na reprodução da força de trabalho junto com um deslocamento da forma de acumulação da indústria leve (baseada na produção têxtil) para a pesada (baseada no carvão e no aço), exigindo uma disciplina de trabalho mais intensiva e mão de obra menos extenuada. Como escrevi em um artigo recente: "Em termos marxianos, podemos dizer que o desenvolvimento do trabalho reprodutivo e a consequente emergência da dona de casa proletária em tempo integral foram, em parte, resultados da transição da extração do 'mais-valor absoluto' para o 'relativo' como um modo de exploração do trabalho"[34]. Foram resultado da mudança de um sistema de exploração baseado em um prolongamento absoluto da jornada de trabalho para outro em que a redução da jornada seria compensada por uma revolução tecnológica que intensificou a taxa de exploração. Um fator-chave dessa mudança foi, certamente, o temor dos capitalistas de que a superexploração à qual trabalhadoras e trabalhadores estavam submetidos, devido ao prolongamento absoluto da jornada de trabalho e aos salários minguados, estivesse levando à extinção da classe trabalhadora e influenciando a recusa

---

[34] Karl Marx, *Capital*, v. I, cit., seção V, cap. 16 [ed. bras.: *O capital*, Livro I, cit., p. 599 e seg.].

das mulheres ao trabalho doméstico e ao cuidado das crianças – um tema frequente nos relatórios oficiais que o governo inglês solicitou a partir dos anos 1840 para avaliar as condições e o estado de saúde da mão de obra fabril[35]. Foi nesse entrecruzamento que se introduziu uma reforma trabalhista (por meio de uma série de Leis das Fábricas) que, em primeiro lugar, reduziu e depois eliminou a contratação de mulheres pelas fábricas e aumentou substancialmente (em 40% até o fim do século) o salário masculino[36]. Nesse sentido, o nascimento da dona de casa proletária, trabalhando em tempo integral – fenômeno que o fordismo acelerou –, pode ser interpretado como uma tentativa de restituir ao salário dos homens, sob a forma de uma grande quantidade de trabalho não remunerado realizado pelas mulheres, os bens comunais que eles perderam com o advento do capitalismo.

O estado miserável do proletariado industrial, que Engels retratou poderosamente em *A situação da classe trabalhadora na Inglaterra* (1845), explica em parte por que o trabalho doméstico é quase inexistente em sua obra. É provável, entretanto, que Marx

---

[35] Ibidem, p. 348, 591, 599 e 630 [p. 313, 469, 473 e 560]. Estas últimas três páginas discutem o efeito da contratação das mulheres pelas fábricas na disciplina e no trabalho reprodutivo delas. Como Marx diz: "Além de impulsionada por um movimento dos trabalhadores que se torna a cada dia mais ameaçador, a limitação da jornada de trabalho nas fábricas foi ditada pela mesma necessidade que forçou a aplicação do guano nos campos ingleses. A mesma rapacidade cega que, num caso, exauriu o solo, no outro matou na raiz a força vital da nação".

[36] Não é coincidência que, em 1870, temos simultaneamente na Inglaterra a nova Lei do Casamento e a Lei da Educação (que introduziu o direito universal à educação primária), ambas significando um novo nível de investimento na reprodução da mão de obra. Iniciando-se no mesmo período, paralelamente ao aumento do salário familiar, temos uma mudança nos hábitos alimentares da população da Grã-Bretanha e nos meios de distribuição de alimentos, com o surgimento das primeiras mercearias de bairro. No mesmo período, as máquinas de costura começam a entrar nos lares proletários. Ver Eric Hobsbawm, *Industry and Empire: The Making of Modern English Society* (Nova York, Random House, 1968), v. 2, 1750 to the Present Day, p. 135-6 e 141.

também tenha ignorado o trabalho doméstico porque a este faltavam as características que ele considerava essenciais à organização capitalista do trabalho, que ele associou ao trabalho industrial assalariado. Por ser centrado no lar, organizado de maneira não cooperativa e realizado em um nível de baixo desenvolvimento tecnológico, mesmo no século XX, no auge da vida doméstica, o trabalho doméstico continuou a ser classificado por marxistas como um traço residual das formas pré-capitalistas de produção. Como Dolores Hayden observou em *The Grand Domestic Revolution* [A grande revolução doméstica][37], mesmo quando preconizavam o trabalho doméstico socializado, intelectuais socialistas não acreditavam que este seria, algum dia, um trabalho significativo[38] e, como August Bebel, vislumbravam uma época em que o trabalho doméstico seria reduzido ao mínimo[39].

Foi necessária uma revolta das mulheres contra o trabalho doméstico nos anos 1960 e 1970 para provar que se trata de um "trabalho socialmente necessário"[40] no sentido capitalista e que, mesmo não sendo organizado de modo industrial, é extremamente produtivo e, em grande medida, não pode ser mecanizado; pois a reprodução de indivíduos nos quais subsiste a força de trabalho requer diversos serviços emocionais e físicos que são de natureza interativa e, portanto, exigem um trabalho intenso. Essa percepção

---

[37] Dolores Hayden, *The Grand Domestic Revolution: A History of Feminist Designs for American Homes, Neighbourhoods and Cities* (Cambridge, MA, The MIT Press, 1985).

[38] Ibidem, p. 6.

[39] August Bebel, *Woman under Socialism* (Nova York, Schocken, 1971).

[40] "Tempo de trabalho socialmente necessário é aquele requerido para produzir um valor de uso qualquer sob as condições normais para uma dada sociedade e com o grau social médio de destreza e intensidade do trabalho." Karl Marx, *Capital*, v. I, cit., p. 129 [ed. bras.: *O capital*, Livro I, cit., p. 117].

desestabilizou ainda mais a fundamentação teórica e política de Marx, nos obrigando a repensar um de seus principais preceitos: o de que com o desenvolvimento do capitalismo a maior parte do trabalho seria industrial e, o mais importante, que o capitalismo e a indústria moderna propiciariam as condições materiais para construir uma sociedade livre de exploração.

Maquinaria, indústria moderna e reprodução

Marx presumia que o capitalismo e a indústria moderna deveriam preparar o terreno para o advento do comunismo porque acreditava que, sem um salto na produtividade do trabalho, a humanidade estaria condenada a um conflito sem fim, motivado por escassez, destituição e competição pelos itens necessários à vida[41]. Ele também enxergava a indústria moderna como a materialização de uma racionalidade superior, que se insere no mundo por meio de motivos sórdidos, mas ensina aos seres humanos atitudes que tendem a desenvolver nossas capacidades ao máximo, bem como a nos libertar do trabalho. Para Marx, a indústria moderna não é só o único meio para a redução do "trabalho socialmente necessário", mas é o modelo exato de trabalho, ensinando uniformidade, regularidade e princípios de desenvolvimento tecnológico a trabalhadoras e trabalhadores, possibilitando assim o envolvimento, de maneira intercambiável, em diferentes atividades laborais[42], algo que (ele nos lembra) quem realiza o trabalho minucioso de manufatura e mesmo artesãs e artesãos presos ao ofício nunca poderiam alcançar.

---

[41] Karl Marx e Friedrich Engels, *The German Ideology*, cit., p. 56 [ed. bras.: *A ideologia alemã*, cit., p. 38].

[42] Karl Marx, *Capital*, v. I, cit., p. 618 [ed. bras.: *O capital*, Livro I, cit., p. 558].

Nesse contexto, o capitalismo é a mão firme que traz a grande indústria à existência, abrindo o caminho para a concentração de meios de produção e cooperação no processo de trabalho, desdobramentos que Marx considerava essenciais para a expansão das forças produtivas e para um crescimento da produtividade. O capitalismo também é para ele o chicote que ensina aos seres humanos as exigências da autogestão, como a necessidade de produzir além da subsistência e a capacidade de cooperação social em larga escala[43]. A luta de classes representa um papel importante nesse processo.

A resistência de trabalhadores e trabalhadoras à exploração obriga a classe capitalista a revolucionar a produção de modo a economizar ainda mais o trabalho em uma espécie de condicionamento mútuo, reduzindo continuamente o papel do trabalho na produção de riqueza e substituindo com máquinas as tarefas das quais os seres humanos têm tentado escapar ao longo da história. Marx acreditava que, uma vez que esse processo estivesse concluído, uma vez que a indústria moderna reduzisse o trabalho socialmente necessário a um mínimo, se iniciaria uma era em que poderíamos, enfim, controlar a existência e o meio ambiente natural e não seríamos capazes apenas de satisfazer necessidades, mas teríamos liberdade para dedicar tempo a atividades mais elevadas.

Ele não explicou como se daria essa ruptura, exceto por meio de uma série de imagens metafóricas sugestivas de que, uma vez completamente desenvolvidas, as forças produtivas romperiam a casca que as envolve, desencadeando uma revolução social. De novo, ele não determina como poderíamos reconhecer quando as forças produtivas deveriam estar maduras o suficiente para a revolução,

---

[43] Ibidem, p. 775 [p. 700].

sugerindo apenas que o ponto de virada viria com a expansão mundial das relações capitalistas, quando a homogeneização e a universalização das forças produtivas e das capacidades correspondentes do proletariado alcançassem uma dimensão global[44].

A visão de Marx de um mundo no qual os seres humanos podem usar máquinas para se libertar da necessidade e do trabalho árduo e em que o tempo livre se torna uma medida da riqueza mostrou-se bastante atraente. A ideia de André Gorz de uma sociedade pós--industrial/sem trabalho na qual as pessoas se dedicam ao próprio desenvolvimento deve muito a tal visão[45]. Testemunha também o fascínio, entre marxistas autonomistas de origem italiana, por "Fragmento sobre as máquinas", nos *Grundrisse*, texto em que essa visão é apresentada com mais ousadia. Antonio Negri em especial, em *Marx beyond Marx* [Marx além de Marx], destacou-a como o aspecto mais revolucionário da teoria de Marx. De fato, as páginas dos cadernos VI e VII – em que Marx descreve um mundo no qual a lei do valor deixou de operar, já que a ciência e a tecnologia eliminaram o trabalho vivo do processo de produção e trabalhadores e trabalhadoras atuam supervisionando as máquinas – são

---

[44] Karl Marx e Friedrich Engels, *The German Ideology*, cit., p. 55 e seg. [ed. bras.: *A ideologia alemã*, cit., p. 38 e seg.]; idem, *The Communist Manifesto* (Harmondsworth, Penguin, 1967) [ed. bras.: *Manifesto Comunista*, trad. Álvaro Pina e Ivana Jinkings, São Paulo, Boitempo, 1998].

[45] André Gorz, *A Farewell to the Working Class* (Londres, Pluto, 1982) [ed. bras.: *Adeus ao proletariado – para além do socialismo*, trad. Angela Ramalho Vianna e Sergio Goes de Paula, Rio de Janeiro, Forense Universitária, 1982]. Ver também André Gorz, *Paths to Paradise: On the Liberation from Work* (Londres, Pluto, 1985). Sobre o tema, ver ainda Edward Granter, *Critical Social Theory and the End of Work* (Burlington, Ashgate, 2009), p. 121. Granter assinala que a ideia de Gorz de uma sociedade na qual o tempo livre é a medida da riqueza é uma ideia marxiana; de fato, Gorz faz uma referência explícita a Marx com citações dos *Grundrisse*.

impressionantes em seu poder de antecipação[46]. Ainda assim, sobretudo como feministas, podemos hoje perceber melhor como são ilusórios os poderes que um sistema automatizado de produção coloca à nossa disposição. Percebemos que "o sistema industrial supostamente produtivo ao máximo", que Marx tanto admirou, "foi na realidade um parasita da terra, de tipo nunca visto na história da humanidade"[47] e que agora a consome a uma velocidade que obscurece o futuro. Estando à frente de sua época no reconhecimento da interação entre humanidade e natureza, como Ariel Salleh assinalou[48], Marx intuiu tal processo, observando que a industrialização da agricultura esgota tanto o solo quanto a mão de obra[49]. Mas ele obviamente acreditava que essa tendência poderia ser revertida, que os meios de produção, depois de tomados por trabalhadores e trabalhadoras, poderiam ser redirecionados para servir a objetivos positivos e usados para expandir a riqueza social e natural em vez de esgotá-la e que a morte do capitalismo era tão iminente a ponto

---

[46] Antonio Negri, *Marx beyond Marx*, cit.

[47] Otto Ullrich, "Technology", em Wolfgang Sachs (org.), *The Development Dictionary: A Guide to Knowledge as Power* (Londres, Zed, 1993), p. 281 [ed. bras.: "Tecnologia", em Wolfgang Sachs (org.), *Dicionário do desenvolvimento: guia para o conhecimento como poder*, trad. Vera Lucia M. Joscelyne, Susana de Gyalokay, Jaime A. Clasen, Petrópolis, Vozes, 2000].

[48] Ariel Salleh, *Ecofeminism as Politics*, cit., p. 70.

[49] Como ele escreveu em *O capital*, Livro I, no fim do capítulo "Maquinaria e grande indústria": "E todo progresso da agricultura capitalista é um progresso na arte de saquear não só o trabalhador, mas também o solo, pois cada progresso alcançado no aumento da fertilidade do solo por certo período é ao mesmo tempo um progresso no esgotamento das fontes duradouras dessa fertilidade. Quanto mais um país, como os Estados Unidos da América do Norte, tem na grande indústria o ponto de partida de seu desenvolvimento, tanto mais rápido se mostra esse processo de destruição. Por isso, a produção capitalista só desenvolve a técnica e a combinação do processo de produção social na medida em que solapa os mananciais de toda a riqueza: a terra e o trabalhador". Karl Marx, *Capital*, v. I, cit., p. 638 [ed. bras.: *O capital*, Livro I, cit., p. 573-4].

de limitar o dano que um processo de industrialização atrelado ao lucro causava à terra.

Por todos esses motivos, Marx estava profundamente enganado. Máquinas não são produzidas por máquinas em uma espécie de imaculada conceição. Tomando o computador como exemplo, vemos que essa máquina tão comum é um desastre ecológico, exigindo toneladas de terra e água e uma imensa quantidade de trabalho humano para ser produzida[50]. Multiplicada na ordem dos bilhões, devemos concluir que, como as ovelhas na Inglaterra do século XVI, as máquinas estão "devorando a terra", e a um ritmo tão acelerado que, mesmo se a revolução acontecesse no futuro próximo, o trabalho exigido para tornar este planeta novamente habitável seria estarrecedor[51]. As máquinas, além do mais, requerem uma infraestrutura material e cultural que afeta não apenas nossos comuns naturais – terras, florestas, águas, montanhas, mares, rios e litorais –, mas também a psique e as relações sociais, moldando subjetividades, criando novas necessidades e hábitos, produzindo dependências que hipotecam o futuro. Isso explica, em parte, por que, um século e meio depois da publicação do Livro I de *O capital*, o capitalismo não dá sinais de dissolução, embora as condições objetivas previstas por Marx como necessárias à revolução social pareçam mais do que maduras. O que testemunhamos é, ao contrário, um regime de permanente acumulação primitiva remanescente dos cercamentos do século XVI, desta vez organizados pelo Fundo Monetário Internacional e pelo Banco Mundial com um grupo de

---

[50] Saral Sarkar, *Eco-Socialism or Eco-Capitalism? A Critical Analysis of Humanity's Fundamental Choices* (Londres, Zed, 1999), p. 126-7.

[51] Pensemos, por exemplo, no trabalho necessário para monitorar e neutralizar os efeitos danosos da pilha de detritos nucleares acumulados por todo o globo.

empresas mineradoras e do agronegócio que, na África, na Ásia e na América Latina, vêm privatizando terras comunais e expropriando pequenos produtores para obter lítio, coltan e diamantes dos quais a indústria moderna necessita[52]. Devemos também enfatizar que nenhum dos meios de produção que o capitalismo desenvolveu pode ser tomado e usado de forma diferente sem que isso acarrete problemas. Assim como não podemos tomar o Estado (o que veremos adiante), não podemos tomar a indústria, a ciência e a tecnologia capitalistas, pois os objetivos de exploração para os quais foram criados moldam sua constituição e seu modo de operação.

O fato de que não se pode simplesmente tomar posse da indústria e da tecnologia modernas e reprogramá-las para propósitos diferentes é mais bem demonstrado pelo crescimento das indústrias nuclear e química, que envenenaram o planeta e proporcionaram à classe capitalista um imenso arsenal de armas que agora nos ameaça de aniquilação ou, no mínimo, de destruição mútua das classes em disputa. Como Otto Ullrich disse, "a conquista mais notável da tecnologia transformada pela ciência foi, sem dúvida, o aumento do poder destrutivo da máquina de guerra"[53]. De forma similar, a gestão industrial supostamente racional da agricultura que Marx comparava ao método presumido como irracional de cultivo de

---

[52] Ver Silvia Federici, "War Globalization and Reproduction", em *Revolution at Point Zero*, cit., p. 76-84 [ed. bras.: "Guerra, globalização e reprodução", em *O ponto zero da revolução*, cit., p. 162-81]; idem, "Women, Land Struggles, and the Reconstruction of the Commons", *Working USA*, v. 14, n. 1, mar. 2011; e idem, "Witch-Hunting, Globalization, and Feminist Solidarity in Africa Today", *Journal of International Women's Studies*, v. 10, n. 1, out. 2008, p. 21-35 [ed. bras.: "Caça às bruxas, globalização e solidariedade feminista na África dos dias atuais", em *Mulheres e caça às bruxas*, trad. Heci Regina Candiani, São Paulo, Boitempo, 2019, p. 107-38].

[53] Otto Ullrich, "Technology", cit., p. 227.

pequenos produtores[54] destruiu a abundância, a diversidade e o valor dos alimentos, e muito disso terá de ser descartado em uma sociedade em que a produção é destinada a seres humanos em vez de ser um instrumento de acumulação capitalista.

Há outra consideração que nos leva a questionar a concepção de Marx sobre a função da tecnologia na formação de uma sociedade comunista, sobretudo quando examinada pela perspectiva do feminismo. Um comunismo baseado em máquinas depende de uma organização do trabalho que exclui as atividades mais básicas realizadas pelos seres humanos. Como mencionei, o trabalho reprodutivo ignorado na análise de Marx é, em grande parte, um trabalho que não pode ser mecanizado. Em outras palavras, a visão de Marx de uma sociedade na qual o trabalho necessário pode ser drasticamente reduzido por meio da automação se choca com o fato de que a maior parte do trabalho executado no mundo é de natureza muito relacional e poucas vezes sujeita à mecanização. Em tese, em uma sociedade pós-capitalista, mecanizaríamos várias obrigações domésticas e certamente contaríamos com novas formas de comunicação para obter companhia, aprendizado e informação, uma vez que controlássemos qual tecnologia seria produzida, para quais propósitos e sob quais condições. Mas como podemos mecanizar as tarefas de banhar, acariciar, consolar, vestir e alimentar uma criança, prestar serviços sexuais ou ajudar aquelas pessoas enfermas ou idosas que não são autossuficientes? Qual máquina poderia incorporar as habilidades e os afetos necessários para essas tarefas? Foram realizadas tentativas

---

[54] Karl Marx, *Capital*, v. III (Londres, Penguin, 1991), p. 948-9 [ed. bras.: *O capital. Crítica da economia política*, Livro III: *O processo global da produção capitalista*, trad. Rubens Enderle, São Paulo, Boitempo, 2017, p. 885-6].

de criar *robôs-enfermeiros*[55] e *robôs do amor* interativos, e é possível que, no futuro, possamos ver a produção de mães mecânicas. Ainda que pudéssemos pagar por esses dispositivos, devemos nos perguntar a que custo emocional os introduziríamos em casa para substituir o trabalho vivo. Mas se o trabalho reprodutivo só pode ser parcialmente mecanizado, então o esquema marxiano que torna a expansão da riqueza material dependente da automação e da redução do trabalho necessário implode; pois o trabalho doméstico, e sobretudo o cuidado das crianças, constitui a maior parte do trabalho neste planeta. O próprio conceito de trabalho socialmente necessário perde muito de sua força. Se o maior e mais indispensável setor de trabalho do planeta não for reconhecido como uma parte essencial do trabalho socialmente necessário, como esse termo deveria ser definido? E por meio de quais critérios e princípios a organização do trabalho assistencial, do trabalho sexual e da procriação será direcionada se essas atividades não forem consideradas parte do trabalho social necessário?

O crescente ceticismo em relação à possibilidade de reduzir de forma substancial o trabalho doméstico por meio da mecanização é um dos motivos pelos quais existe atualmente, entre as feministas, um interesse[56] renovado em formas mais coletivas de reprodução e criação de comuns reprodutivos, com experiências voltadas à redistribuição do trabalho entre um número de sujeitos mais amplo do que a família nuclear propicia. Enquanto isso, sob a pressão da

---

[55] Nancy Folbre, "Nursebots to the Rescue? Immigration, Automation, and Care", *Globalizations*, n. 3, set. 2006, p. 356.

[56] Sobre esse assunto, ver Silvia Federici, "Feminism and the Politics of the Commons in an Era of Primitive Accumulation", em *Revolution at Point Zero*, cit., p. 138-48 [ed. bras.: "Feminismo e a política do comum em uma era de acumulação primitiva", em *O ponto zero da revolução*, cit., p. 303-23].

crise econômica, as lutas em defesa de nossos comuns naturais (terras, águas, florestas) e a criação de atividades comunais (por exemplo, coletivização das compras e do preparo de alimentos, horticultura urbana) estão se multiplicando. Também é significativo que, "não obstante a colonização e a transferência de tecnologia, a maior parte das necessidades diárias do mundo continua sendo suprida por mulheres do Terceiro Mundo, produtoras agrícolas trabalhando fora da lógica monetária" e com insumos tecnológicos muito limitados, muitas vezes cultivando terras públicas ociosas[57]. Numa época de programas de austeridade genocidas, é o trabalho dessas mulheres agricultoras que faz a diferença entre vida e morte para milhões de pessoas[58]. Ainda assim, esse é exatamente o tipo de trabalho orientado à subsistência que Marx acreditava que deveria ser eliminado, já que ele considerava a racionalização da agricultura – isto é, sua organização em larga escala e com base científica – "um dos grandes méritos do modo de produção

---

[57] Ariel Salleh, *Ecofeminism as Politics*, cit., p. 79; Silvia Federici, "Feminism and the Politics of the Commons in an Era of Primitive Accumulation", cit., p. 138-148 [ed. bras.: "Feminismo e a política do comum em uma era de acumulação primitiva", cit., p. 303-23].

[58] De acordo com o Fundo de População das Nações Unidas, em 2001, "cerca de 200 milhões de habitantes de zonas urbanas" estavam cultivando alimentos, "abastecendo cerca de 1 bilhão de pessoas com pelo menos uma parte de sua fonte de alimento". Organização das Nações Unidas, *Relatório situação da população mundial 2001* (Nova York, Organização das Nações Unidas, 2001). Um relatório do Worldwatch Institute de 2011, *Farming the Cities Feeding an Urban Future* [Cultivando as cidades, alimentando um futuro urbano] confirma a importância da agricultura de subsistência registrando, em um comunicado à imprensa: "Atualmente, um número estimado de 800 milhões de pessoas em todo o mundo está envolvido na agricultura urbana, produzindo de 15 a 20% [dos alimentos do mundo]". Deve ser observado que esses números não incluem a agricultura de subsistência nas zonas rurais. Worldwatch Institute, "State of the World 2011: Innovations that Nourish the Planet", 16 jun. 2011. Disponível em: ‹http://blogs. worldwatch.org/nourishingtheplanet/wp-content/uploads/2011/06/Urban-agiculture-chapter-10-press-release-june-2011-nourishing-the-planet.pdf›; acesso em: dez. 2020.

capitalista" e afirmava que essa racionalização só era possível por meio da expropriação do produtor direto[59].

Sobre o mito do caráter progressivo do capitalismo

Embora seja pertinente fazer uma crítica à teoria de Marx relativa ao poder da industrialização de libertar a humanidade do trabalho árduo e da necessidade, há outras razões pelas quais a crença dele no caráter necessário e progressivo do capitalismo deve ser rejeitada. Primeiro, essa teoria subestima o conhecimento e a riqueza produzidos pelas sociedades não capitalistas e quanto o capitalismo construiu seu poder apropriando-se deles – uma ponderação essencial para não nos deixarmos hipnotizar pelo avanço capitalista do conhecimento nem nos deixarmos paralisar em nossa vontade de sair dele. De fato, é politicamente importante recordarmos que as sociedades que o capitalismo destruiu, milhares de anos antes do advento da mecanização, alcançaram altos níveis de conhecimento e tecnologia, aprendendo a navegar os mares através de vastas extensões de água, descobrindo a partir de observações noturnas as principais constelações astrais, inventando as plantações que sustentaram a vida humana no planeta[60]. Atestemos a fantástica diversidade de sementes e plantas que as populações nativas das Américas foram capazes de desenvolver, alcançando um domínio em tecnologia agrícola até agora insuperável, com mais de duzentas variedades de milho e batata cultivadas apenas na Mesoamérica – um forte contraste com a destruição da diversidade

---

[59] Karl Marx, *Capital*, v. III, cit., p. 754-5 [ed. bras.: *O capital*, Livro III, cit., p. 678-9].

[60] Clifford Conner, *A People's History of Science: Miners, Midwives, and "Low Mechanics"* (Nova York, Nation, 2005).

que testemunhamos pela ação da agricultura capitalista cientificamente organizada de nosso tempo[61].

O capitalismo não inventou a cooperação social ou o intercâmbio de larga escala, como Marx chamou as trocas comerciais e culturais. Pelo contrário, o advento do capitalismo destruiu sociedades que estavam ligadas por relações comunais de propriedade e formas de trabalho cooperativas, bem como por grandes redes de trocas comerciais. Do oceano Índico aos Andes, sistemas de trabalho altamente cooperativos eram a norma antes da colonização. Podemos nos lembrar do sistema *ayllu* na Bolívia e no Peru e dos sistemas de terras comunais da África, que sobreviveram até o século XXI, todos em contraposição à visão de Marx sobre o "isolamento da vida rural"[62]. Da mesma forma, na Europa, o capitalismo destruiu uma sociedade de bens comunais, assentada materialmente não apenas no uso compartilhado da terra e nas relações coletivas de trabalho, mas na luta diária contra o poder feudal, que criou novas formas cooperativas de vida, como as experimentadas pelos movimentos hereges (cátaros, valdenses) que analisei em *Calibã e a bruxa*[63]. Não por acaso, o capitalismo só conseguiu prevalecer por meio de extrema violência e destruição, incluindo o extermínio de milhares de mulheres ao longo de dois séculos de caça às bruxas, processo que, no século XVI, desmantelou uma resistência que tomou forma nas guerras camponesas. Longe de ser portador de progresso, o

---

[61] Jack Weatherford, *How the Indians of the Americas Transformed the World* (Nova York, Fawcett Columbine, 1988).

[62] Sobre esse termo, ver Hal Draper, *The Adventures of the Communist Manifesto* (Berkeley, Center for Socialist History, 1998), parágrafo 28.

[63] Silvia Federici, *Caliban and the Witch: Women, Body and Primitive Accumulation* (Nova York, Autonomedia, 2004) [ed. bras.: *Calibã e a bruxa: mulheres, corpo e acumulação primitiva*, trad. Coletivo Sycorax, São Paulo, Elefante, 2017].

desenvolvimento do capitalismo foi a contrarrevolução, uma vez que aniquilou o surgimento de novas formas de comunalismo produzidas na luta, bem como daquelas que existiam nas propriedades feudais com base no uso compartilhado dos comuns. Acrescentemos que é necessário muito mais do que o desenvolvimento da grande indústria para fomentar a combinação revolucionária e a associação de produtores e produtoras livres que Marx imaginou no fim do Livro I de *O capital*[64]. O capital e a grande indústria podem aumentar a "concentração dos meios de produção" e a cooperação no processo de trabalho resultante da divisão de funções[65], mas a cooperação necessária para um processo revolucionário é diferente, em termos qualitativos, do fator técnico que Marx descreve como sendo (junto com a ciência e a tecnologia) a "forma básica do modo de produção capitalista"[66]. É até questionável se podemos falar em cooperação no caso de relações de trabalho que não são controladas pela própria mão de obra e, portanto, não resultam em um processo independente de tomada de decisões, exceto no momento de resistência em que a organização capitalista do processo de trabalho é subvertida. Também não podemos ignorar que a cooperação que Marx admirava como marca da organização capitalista do trabalho se tornou possível, em termos históricos, precisamente porque tanto as habilidades de trabalhadores e trabalhadoras quanto a cooperação na luta que travavam foram destruídas[67].

---

[64] Karl Marx, *Capital*, v. I, p. 930, nota [p. 833, nota 252].

[65] Ibidem, p. 927 [p. 831].

[66] Ibidem, p. 454 [p. 410].

[67] Sobre o assunto, ver ibidem, p. 563-8 [p. 510]. Em "Maquinaria e grande indústria", seção 5, "A luta entre trabalhador e máquina", Marx escreve: "O meio de trabalho liquida o trabalhador" [p. 504]. Não é que capitalistas usam as máquinas apenas para se libertar da dependência do trabalho, mas a maquinaria é "a arma mais poderosa

Segundo, supor que o desenvolvimento capitalista tenha sido inevitável, para não dizer necessário ou desejável em qualquer momento da história, passado ou presente, é nos colocar do lado oposto das lutas de resistência travadas até hoje. Ao olharmos sob a perspectiva da libertação humana, podemos dizer que hereges, anabatistas, escavadores e escavadoras de minas, quilombolas e todos os sujeitos rebeldes que resistiram aos cercamentos de seus bens comunais ou lutaram para constituir uma ordem social igualitária – escrevendo em suas bandeiras, como Thomas Muntzer, *Omnia sunt communia* (Todas as propriedades deveriam ser mantidas em comum) – estavam do lado errado da história? Essa não é uma pergunta insignificante, pois a extensão das relações capitalistas não é coisa do passado, mas um processo contínuo, que ainda exige sangue e fogo e ainda gera imensa resistência – que, sem dúvida, detém a subsunção capitalista de todas as formas de produção na terra, bem como a extensão do trabalho remunerado.

Terceiro, postular que o capitalismo é necessário e progressivo é subestimar um fato sobre o qual insisti ao longo deste capítulo: o desenvolvimento capitalista não é, ou não é primariamente, o desenvolvimento das capacidades humanas e, acima de tudo, da capacidade de cooperação social, como Marx previa. É, na verdade, o desenvolvimento de relações de poder desiguais, hierarquias e divisões que, por sua vez, geram ideologias, interesses e subjetividades que constituem uma força social destrutiva. Não por acaso,

---

para a repressão das periódicas revoltas operárias, greves etc. contra a autocracia do capital [...]. Poder-se-ia escrever uma história inteira dos inventos que, a partir de 1830, surgiram meramente como armas do capital contra os motins operários". Ibidem, p. 562-3 [p. 508].

diante do mais orquestrado impulso neoliberal de privatizar os recursos comunais e públicos remanescentes, foram as comunidades mais coesas, não as mais industrializadas, que conseguiram resistir e, em alguns casos, reverter a onda de privatizações. Como demonstraram as lutas dos povos indígenas – a luta de quíchuas e aimarás contra a privatização da água na Bolívia[68], as lutas do povo u'wa, na Colômbia, contra a destruição de suas terras pela prospecção de petróleo, entre outros exemplos –, não é nos lugares onde o desenvolvimento capitalista é mais elevado, mas naqueles onde os laços comunitários são mais fortes, que a expansão capitalista é interrompida e até forçada a retroceder. Aliás, quando a perspectiva de uma revolução mundial fomentada pelo desenvolvimento capitalista recua, a reconstituição de comunidades devastadas por políticas racistas e sexistas e por vários ciclos de cercamentos parece não apenas uma condição objetiva, mas uma precondição de mudança social.

Do comunismo aos comuns, uma perspectiva feminista

Opor-se às divisões que o capitalismo criou com base em raça, gênero, idade, reunindo o que ele separou em nossa vida e reconstituindo um interesse coletivo, deve ser uma prioridade política para feministas e integrantes de outros movimentos por justiça social nos dias de hoje. É isso, em última análise, que está em jogo na política dos comuns, que, em sua melhor forma, pressupõe um compartilhamento de riquezas, um processo coletivo de tomada de decisões e uma revolução na relação conosco e com as outras

---

[68] Raquel Gutiérrez Aguilar, *Los ritmos del Pachakuti: levantamiento y movilización en Bolivia (2000-2005)* (Cidade do México, Sisifo, 2009).

pessoas. A cooperação social e a construção de conhecimento que Marx atribuiu ao trabalho industrial podem ser elaboradas apenas por meio de atividades comuns – horticultura urbana, banco de tempo, código aberto – que são auto-organizadas e exigem, mas também criam, uma comunidade. Nesse sentido, uma vez que visa a reproduzir nossa vida de maneira a fortalecer laços mútuos e estabelecer limites à acumulação de capital[69], a política dos comuns traduz, em parte, a noção de Marx de comunismo como a abolição do estado atual das coisas. Também se poderia argumentar que, com o desenvolvimento dos comuns on-line – o surgimento dos *softwares* livres, os movimentos de cultura livre –, estamos nos aproximando da universalização das capacidades humanas antevista por Marx como sendo resultado do desenvolvimento de forças produtivas. Mas a política dos comuns é um afastamento radical do que o comunismo significou na tradição marxista e em grande parte da obra de Marx, começando pelo *Manifesto Comunista*. Várias diferenças cruciais entre a política dos comuns e o comunismo vêm à tona, sobretudo quando consideramos essas formas políticas do ponto de vista feminista e ecológico.

Conforme o que é discutido por autoras feministas como Vandana Shiva, Maria Mies e Ariel Salleh e praticado por organizações populares de mulheres, os comuns, para se concretizar, não dependem do desenvolvimento das forças produtivas ou da mecanização da produção nem de qualquer ampliação global das relações capitalistas – as precondições do projeto comunista de Marx. Pelo contrário, os comuns enfrentam as ameaças que o desenvolvimento

---

[69] Massimo de Angelis, *The Beginning of History: Value Struggles and Global Capital* (Londres, Pluto, 2007).

capitalista lhes impõe e revalorizam conhecimentos e tecnologias locais e específicos[70]. Não pressupõem a existência de uma ligação necessária entre desenvolvimento científico/tecnológico e moral/intelectual, premissa salientada na concepção de riqueza social de Marx. No centro de seu projeto político, os comuns também situam a reestruturação da reprodução como terreno crucial para transformar as relações sociais, subvertendo, assim, a estrutura de valor da organização capitalista do trabalho. E tentam, especialmente, romper o isolamento que caracterizou o trabalho doméstico no capitalismo, sem ter em vista sua reorganização em escala industrial, mas considerando a criação de formas mais cooperativas do trabalho de cuidado.

"Comuns" é um termo enunciado no plural, em consonância com o que zapatistas promoveram com o lema *One No, Many Yeses* [Um não, muitos sins], que reconhece a existência de diversas trajetórias históricas e culturais e a multiplicidade de resultados compatíveis com a abolição da exploração. Pois, embora se reconheça que a circulação de ideias e de conhecimento tecnológico possa ser uma força histórica positiva, a perspectiva de universalização de conhecimentos, instituições e formas de comportamento é cada vez mais contraposta, não apenas como legado colonial, mas como projeto alcançável somente pela destruição de vidas e culturas locais. Acima de tudo, para existir, os comuns não dependem de um Estado que os encoraje. Embora ainda exista em círculos radicais um desejo persistente de que o Estado seja uma figura de transição, presumivelmente necessária para erradicar interesses

---

[70] Maria Mies e Vandana Shiva, *Ecofeminism* (Londres, Zed, 1986) [ed. bras.: *Ecofeminismo*, trad. Fernando Dias Antunes, São Paulo, Instituto Piaget, 1997]; The Ecologist, *Whose Common Future? Reclaiming the Commons* (Filadélfia, Earthscan, 1993).

capitalistas entrincheirados e dirigir os elementos da nação que exigem planejamento em larga escala (água, eletricidade, serviços de transporte etc.), a figura do Estado está hoje em crise, não apenas nos círculos feministas e radicais. De fato, a popularidade da política dos comuns está diretamente relacionada à crise da figura do Estado, que foi dramaticamente evidenciada pelo fracasso do socialismo real e da internacionalização do capital. Como John Holloway colocou bravamente em *Mudar o mundo sem tomar o poder*, imaginar que podemos usar o Estado para promover um mundo mais justo é atribuir-lhe uma existência autônoma, abstraída de sua rede de relações sociais que, de maneira inextricável, o vinculam à acumulação de capital e o obrigam a reproduzir os conflitos e mecanismos de exclusão social. É também ignorar o fato "de que as relações sociais capitalistas nunca foram limitadas pelas fronteiras do Estado", mas são constituídas globalmente[71]. Além disso, com um proletariado mundial cindido por hierarquias de gênero e raça, a "ditadura do proletariado", concretizada na figura de um Estado, correria o risco de se tornar a ditadura da parcela branca e masculina da classe trabalhadora. Para quem tem mais poder social, é bastante possível conduzir o processo revolucionário no sentido de objetivos que mantenham seus privilégios.

Após décadas de expectativas e processos eleitorais frustrados, existe agora um profundo desejo, especialmente entre as pessoas mais jovens, em todos os países, de recuperar o poder de transformar nossa vida, recuperar o conhecimento e a responsabilidade que, em um Estado proletário, transferiríamos a uma instituição

---

[71] John Holloway, *Change the World without Taking Power: The Meaning of Revolution Today* (Londres, Pluto, 2002), p. 14 e 95 [ed. bras.: *Mudar o mundo sem tomar o poder*, trad. Emir Sader, São Paulo, Boitempo, 2003].

abrangente que, ao nos representar, nos substituiria. Essa seria uma manobra desastrosa, pois, em vez de criarmos um mundo novo, perderíamos o processo de autotransformação indispensável para qualquer nova sociedade e reconstituiríamos as mesmas condições que hoje nos tornam pessoas passivas, mesmo diante dos casos mais flagrantes de injustiça institucional. Esse é um dos atrativos que os comuns representam como "forma embrionária de uma nova sociedade" para um poder que vem da base, não do Estado, e que se fundamenta na cooperação e nas formas coletivas de tomada de decisão, não na coerção[72]. Nesse sentido, o espírito dos comuns ecoa a percepção de Audre Lorde de que "as ferramentas do mestre jamais irão derrubar a casa do mestre"[73], e acredito que, se Marx estivesse vivo hoje, ele concordaria com essa afirmação. Porque, embora ele não tenha se concentrado muito nas destruições produzidas pela organização capitalista do machismo e do racismo e tenha prestado pouca atenção à transformação na subjetividade do proletariado, ainda assim ele compreendeu que precisamos de uma revolução para nos libertar não apenas das barreiras externas, mas da internalização da ideologia e das relações capitalistas – ou, como ele disse, de "toda a antiga imundície", para "a classe [...] se tornar capaz de uma nova fundação da sociedade"[74].

---

[72] John Holloway, *Crack Capitalism* (Londres, Pluto, 2010), p. 29 [ed. bras.: *Fissurar o capitalismo*, trad. Daniel Cunha, São Paulo, Publisher Brasil, 2013].

[73] Audre Lorde, "The Master's Tools Will Never Dismantle the Master's House", em Cherríe Moraga e Gloria Anzaldúa (orgs.), *This Bridge Called my Back: Writings by Radical Women of Color* (Nova York, Kitchen Table, 1983), p. 98-101.

[74] Karl Marx e Friedrich Engels, *The German Ideology*, cit., p. 95 [ed. bras.: *A ideologia alemã*, cit., p. 42].

A revolução começa em casa: repensando Marx, reprodução e luta de classes (2018)

Introdução

Uma das causas da força duradoura da teoria política de Marx foi, sem dúvida, sua capacidade de ler o futuro e antecipar formas de desenvolvimento capitalista que hoje estão se desvelando diante de nossos olhos a ponto de fazer de sua obra, mais de 150 anos depois, um guia para o presente. Com grande poder intuitivo, Marx previu o processo de globalização, que constitui o impulso incansável do capital para conquistar todos os cantos do mundo e submeter todas as formas de produção à lógica do lucro e do mercado. E, o mais importante, previu que a internacionalização do capital conduziria não apenas à formação de um mercado global, mas também de um ciclo de acumulação global, de tal modo que "a divisão do mundo em Estados-nação perderia sua importância econômica"[1]. De modo semelhante, os *Grundrisse*, especialmente em "Fragmento sobre as

---

[1] Luciano Ferrari Bravo, "Vecchie e nuove questioni nella teoria dell'imperialismo", em *Imperialismo e classe operaia multinazionale* (Milão, Feltrinelli, 1975), p. 20-1.

máquinas"[2], foram reconhecidos por prever o crescente predomínio do conhecimento e da ciência na organização capitalista do trabalho, o que levou algumas pessoas a assumir como postulado o início de uma nova fase de acumulação denominada "capitalismo cognitivo"[3].

Em certo aspecto, no entanto, Marx não estava à frente de seu tempo. É surpreendente, mas ele não previu um desdobramento que, em um intervalo de poucas décadas, mudaria a composição da classe trabalhadora e o panorama da luta de classes na Europa e nos Estados Unidos. Esse aspecto foi a formação de uma nova família proletária, um processo que ocorreu (*grosso modo*) entre 1860 e a Primeira Guerra Mundial, com a exclusão gradual de mulheres e crianças do trabalho fabril, a introdução do "salário familiar"* e a criação da dona de casa proletária e do trabalho doméstico em si como um ramo específico da produção capitalista, encarregado da reprodução da mão de obra[4].

---

[2] Karl Marx, *Grundrisse: Foundations of the Critique of Political Economy* (Londres, Pelican, 1973), p. 690-710 [ed. bras.: *Grundrisse – manuscritos econômicos de 1857-1858: esboços da crítica da economia política*, trad. Mario Duayer e Nélio Schneider, São Paulo, Boitempo, 2011, p. 578-89].

[3] Para defensores dessa noção, ver Michael Hardt e Antonio Negri, *Multitude: War and Democracy in the Age of Empire* (Minneapolis, University of Minnesota Press, 2004) [ed. bras.: *Multidão: guerra e democracia na era do império*, trad. Clóvis Marques, Rio de Janeiro, Record, 2005]; Carlo Vercellone, "From Formal Subsumption to General Intellect: Elements for a Marxist Reading of the Thesis of Cognitive Capitalism", *Historical Materialism*, v. 15, 2007, p. 13-36. Para uma crítica do conceito de "capitalismo cognitivo", ver George Caffentzis, "A Critique of 'Cognitive Capitalism', em *Letters of Blood and Fire: Work, Machines, and the Crisis of Capitalism* (Oakland, PM and Common Notions, 2013).

* O "salário familiar" é definido como o salário necessário para o sustento do trabalhador, sua esposa e as crianças do casal. Os cálculos levam em consideração a família nuclear de tamanho médio, o que pode variar em cada país e contexto histórico. Em alguns países, inclui-se um valor adicional para cada criança. Difere do salário mínimo, que se baseia no valor necessário para a subsistência de um indivíduo adulto. (N. T.)

[4] Wally Seccombe, *Weathering the Storm. Working-Class Families from the Industrial Revolution to the Fertility Decline* (Londres, Verso, 1993).

Com esses desdobramentos, que inauguraram um regime patriarcal novo, erguido sobre o poder do salário masculino, houve uma transformação das relações de classe que escapou à análise de Marx, ainda que encontremos no Livro I de *O capital* muitas referências aos relatórios de fiscais de fábrica designados pelo governo que prepararam o terreno para essa mudança na Inglaterra. O fato de que a classe capitalista estava em vias de revolucionar a família proletária e as relações de gênero, de criar novas hierarquias entre homens e mulheres e novas divisões no interior do proletariado não pode ser deduzido a partir da leitura do Livro I. Como Engels, Marx permaneceu aferrado à crença de que o capitalismo destrói a família proletária e cria as condições materiais para relações de gênero mais igualitárias. Como ele apontou no *Manifesto Comunista*:

> Quanto menos habilidade e força o trabalho manual exige, isto é, quanto mais a indústria moderna progride, tanto mais o trabalho dos homens é suplantado pelo de mulheres e crianças. As diferenças de idade e de sexo não têm mais importância social para a classe operária. Não há senão instrumentos de trabalho.[5]

Por que Marx – normalmente tão visionário em sua análise do desenvolvimento capitalista – deixaria de reconhecer que estava em curso uma reorganização das relações sociais que reestruturaria de modo mais hierárquico os vínculos entre homens e mulheres nas comunidades da classe trabalhadora na Inglaterra e, em pouco tempo, em outros países da Europa e regiões dos Estados Unidos? Uma das teses que configura este ensaio é a de que Marx não previu nem explicou a reestruturação da família proletária e a

---

[5] Karl Marx e Friedrich Engels, *The Communist Manifesto* (Harmondsworth, Penguin, 1967), p. 88 [ed. bras.: *Manifesto Comunista*, trad. Álvaro Pina e Ivana Jinkings, São Paulo, Boitempo, 1998, p. 46].

constituição de novas relações patriarcais no seio do proletariado porque, de acordo com sua teoria política, a esfera das relações familiares e de gênero não tem nenhuma função específica na acumulação do capital, na constituição da subjetividade de trabalhadores e trabalhadoras e na formação de classe[6]. Uma das consequências desse erro estratégico foi a cisão, com a qual (como veremos) Marx contribuiu na condição de dirigente da Primeira Internacional, entre os movimentos socialista e feminista que estavam emergindo no fim do século XIX; uma cisão que persistiu quase até os dias atuais. Assim, revisitar a perspectiva de Marx sobre a família, o trabalho das mulheres e as atividades pelas quais nossa vida se reproduz é um caminho para dialogar com o presente e repensar o patriarcalismo do capital e da esquerda, bem como as condições de uma cooperação entre marxismo e feminismo.

Minha argumentação está dividida em quatro partes. Na parte 1, analiso os indícios e os motivos do desenvolvimento teórico insatisfatório da "reprodução" em Marx, concentrando-me em seu conceito reducionista de trabalho e produção e no pressuposto implícito de que apenas a mão de obra industrial assalariada tem poder e conhecimento para subverter o capitalismo e criar as condições materiais para a construção de uma sociedade comunista. Na parte 2, discorro sobre a reação de Marx, na condição de dirigente da Primeira Internacional, às exigências, por parte dos trabalhadores, de uma mudança da estratégia política em relação ao trabalho das mulheres e à vida familiar, confirmando o silêncio dele quanto ao patriarcalismo manifesto de setores da classe

---

[6] Ahlrich Meyer, "A Theory of Defeat. Marx and the Evidence of the Nineteenth Century", em Marcel van der Linden e Karl Heinz Roth (orgs.), *Beyond Marx: Theorising the Global Labour Relations of the Twenty-First Century* (Boston, Brill, 2014), p. 274-6.

trabalhadora masculina inglesa. Na parte 3, comparo a posição aparentemente neutra de Marx em relação à reorganização da vida familiar naquele momento histórico com as consequências de tal rearranjo na vida social e nas relações de classe, argumentando que esse processo representou um instrumento significativo de cooptação dos setores menos importantes da mão de obra industrial. Por fim, na seção 4, faço uma reflexão sobre as consequências políticas de longo prazo da marginalização das mulheres e do trabalho reprodutivo no programa tanto do movimento socialista como da tradição marxista, argumentando que é hora de nos perguntarmos em que medida esse "engano" teórico e político afetou essas duas correntes em sua capacidade de organização e em sua visão da sociedade a ser construída a partir das ruínas do capitalismo.

O que Marx diz sobre reprodução social e reprodução da força de trabalho

Uma chave para compreender o insucesso de Marx em reconhecer as importantes mudanças relativas à vida familiar e às relações entre homens e mulheres que estavam sendo gestadas na Inglaterra do século XIX é o tratamento que ele dá, tanto em *O capital* como nos *Grundrisse*, à reprodução da força de trabalho. Essa deveria ter sido uma questão central na teoria política de Marx, considerando-se a função estratégica que o trabalho e a força de trabalho desempenham em sua análise da sociedade capitalista e da organização capitalista do trabalho. Para Marx, a força de trabalho é o motor da acumulação capitalista, a substância da criação de valor, e sua exploração é o terreno sobre o qual se desenrola a luta pela libertação humana. Portanto, as atividades envolvidas na (re)produção dessa preciosa capacidade deveriam ter um lugar central no quadro teórico e político de Marx. Mas, como vimos em outros ensaios deste volume, elas raramente são discutidas por Marx e, quando o são, em geral deixam de reconhecer a contribuição específica do trabalho doméstico das mulheres nesse contexto.

Mesmo quando discute como a mão de obra é reproduzida de geração em geração[7], Marx se cala quanto à contribuição das mulheres no processo e não imagina a possibilidade de um conflito de interesses entre as mulheres e os homens ou entre as mulheres e o Estado relativo à procriação – ainda que em muitos casos, para elas, uma gravidez significasse uma sentença de morte, sobretudo fora do casamento. Não surpreende que, em meados do século XIX, muitas delas tenham sido receptivas à campanha pela difusão da contracepção no interior do movimento operário[8]. Aparentemente alheio ao alto custo da gravidez e da procriação para as mulheres, à angústia que muitas sentiam a cada gravidez indesejada e aos esforços muitas vezes fatais que elas faziam para abortar, Marx fala sobre o "crescimento natural da população". Ele também defende que "o capitalista pode abandonar confiadamente o preenchimento

---

[7] Karl Marx, *Capital*, v. I (Londres, Penguin, 1990), p. 711-24 [ed. bras.: *O capital: crítica da economia política*, Livro I: *O processo de produção do capital*, trad. Rubens Enderle, São Paulo, Boitempo, 2011, p. 415].

[8] Importante registrar aqui o trabalho organizacional de Francis Place, que já em 1822 defendia o uso de métodos contraceptivos para que trabalhadoras e trabalhadores escapassem ao destino malthusiano e começassem a controlar a própria taxa de natalidade. Trabalhador, pai de quinze crianças, Place lançou uma campanha para divulgar suas ideias sobre o assunto, distribuindo panfletos dirigidos a casais e dando continuidade a seus esforços depois de se tornar um dos fundadores do movimento cartista. Muito popular entre a classe trabalhadora, especialmente nos distritos do norte, Place é considerado um dos pais do movimento de controle de natalidade. Sobre esse tema, ver Norman Edwin Himes, *Medical History of Contraception* (Nova York, Schocken, 1970 [1936]).

dessa condição ao impulso de autoconservação e procriação dos trabalhadores"[9] e, na sua crítica em geral mordaz à teoria populacional de Malthus, sugere que o capitalismo não depende da capacidade procriadora das mulheres para a expansão da mão de obra, já que pode, em princípio, satisfazer a necessidade de trabalho por meio de revoluções tecnológicas contínuas, criando periodicamente uma "superpopulação"[10]. Na verdade, enquanto sistema que torna a força de trabalho a essência do valor, o capitalismo tem estado muito interessado nos movimentos demográficos e regulado de maneira estrita a capacidade reprodutiva das mulheres, impondo pesadas penalidades à tentativa de interferir na procriação[11], penalidades essas que estavam em pleno vigor na Europa da época de Marx[12]. Aliás, a classe capitalista nunca confiou exclusivamente

---

[9]   Karl Marx, *Capital*, v. I, cit., p. 718 [ed. bras.: *O capital*, Livro I, cit., p. 647].

[10]   Ibidem, p. 784-5 [p. 710-1]. Para uma crítica da teoria da "superpopulação" em Marx, ver Max Henninger, "Poverty, Labor, Development: Towards a Critique of Marx's Conceptualizations", em Marcel van der Linden e Karl Heinz Roth (orgs.), *Beyond Marx*, cit., p. 301-2. Ele diz: "De forma semelhante aos esquemas de reprodução em *O capital*, Livro II, a teoria da superpopulação relativa de Marx elimina a possibilidade de um comportamento autônomo da classe destituída e não reconhece nenhuma outra lógica exceto aquela da valorização do capital".

[11]   Sobre as relações entre a concepção capitalista de trabalho como essência da criação de valor e a regulação da capacidade reprodutiva das mulheres, ver Silvia Federici, *Caliban and the Witch: Women, the Body and Primitive Accumulation* (Nova York, Autonomedia, 2004) [ed. bras.: *Calibã e a bruxa: mulheres, corpo e acumulação primitiva*, trad. Coletivo Sycorax, São Paulo, Elefante, 2017], capítulo 3, em especial a discussão sobre a caça às bruxas na Europa.

[12]   Na Inglaterra, uma lei de 1803 tornou o aborto crime a ser punido com açoitamento, degredo e até a morte, caso houvesse provas de gravidez em estágio avançado. O estatuto foi promulgado novamente em 1828. Depois, o Offences Against Persons Act [Lei de Delitos contra Pessoas], de 1861, estabeleceu que qualquer pessoa que tentasse abortar, se sentenciada, receberia a pena vitalícia de trabalhos forçados. Em todos os países da Europa, na época de Marx, a interferência na procriação foi considerada crime doloso, a ser punido com muitos anos de prisão.

nas mudanças organizacionais na produção para criar superpopulação e definir a mão de obra de dimensões ideais. O próprio Marx reconheceu que a velocidade com que o capital industrial consumia a vida de trabalhadoras e trabalhadores era tal que sempre havia a necessidade de recrutar mais pessoas, a serem buscadas, na maioria das vezes, nas zonas rurais e na contratação de mulheres e crianças. E ele certamente tinha consciência da preocupação que as altas taxas de mortalidade infantil nos distritos industriais causavam à elite. Mesmo no século XX, apesar das contínuas revoluções tecnológicas, o capitalismo contou com a regulação do corpo das mulheres e também com os movimentos migratórios para satisfazer sua necessidade de força de trabalho na quantidade e com a qualidade exigidas para desenvolver as forças produtivas e desmantelar a resistência da classe trabalhadora à exploração[13].

Tal como acontece com o trabalho doméstico, o trabalho envolvido nas atividades produtoras de uma nova geração de trabalhadores e trabalhadoras não faz parte da discussão de Marx sobre a organização capitalista do trabalho e da exploração. Assim, ausente de sua análise do capitalismo está a discussão sobre um campo de atividades e forças – relações afetivas, desejos sexuais, práticas relativas ao trabalho doméstico e à procriação – que intelectuais

---

[13] Para uma análise veemente do controle do Estado sobre as taxas de natalidade e fertilidade, bem como das políticas migratórias em relação à expansão e à contração do mercado de trabalho, ver Mariarosa Dalla Costa, "Reproduction and Emigration (1974)", em Camille Barbagallo (org.), *Women and the Subversion of the Community: A Mariarosa Dalla Costa Reader* (Oakland, PM, 2019), p. 70-108. Ampliando a tese de Mariarosa Dalla Costa, podemos certamente dizer que é à recusa das mulheres em arcar com o ônus de gerar tantas crianças que devemos atribuir a formação de um mercado de trabalho global, bem como o surgimento de movimentos "pró-vida", cujas atividades intimidatórias nos Estados Unidos têm sido defendidas pela principal instituição do país, a Suprema Corte.

socialistas anteriores haviam reconhecido como dotadas de potencial político. Em Marx, a paixão sexual e a procriação estão fora ou às margens do universo das relações econômicas capitalistas e dos processos de luta e tomada de decisões de trabalhadores e trabalhadoras. Os cuidados maternos só são mencionados quando se fala da negligência das mulheres da classe trabalhadora em relação às crianças. A prostituta também é invisível como trabalhadora e como sujeito político. Nas palavras de Sheila Rowbotham: "Ela aparece como um indicador da condição da sociedade, não como [membro de] um grupo social em movimento, que está desenvolvendo a consciência histórica"[14]. Retratada como vítima da pobreza e da degradação moral, ela é descrita como parte daquele lumpemproletariado que, em *O 18 de brumário de Luís Bonaparte*, Marx menospreza como o "refugo de todas as classes"[15]. A visão que Marx tem das trabalhadoras fabris também é reducionista. Vemos seus corpos em sofrimento, as desigualdades às quais são submetidas, mas não nos é revelado como a entrada das mulheres nas fábricas transformou a subjetividade delas, alterou a relação que tinham com os homens, ou se isso ampliou ou reduziu sua capacidade de luta, e de que forma as demandas das mulheres diferiam das dos homens. Exceto por comentários ocasionais sobre o impacto degradante do trabalho agrícola e industrial no "caráter moral" das mulheres e meninas – devido ao excesso de trabalho e à exposição a condições de trabalho promíscuas –, Marx não discute o desempenho das

---

[14] Sheila Rowbotham, *Women, Resistance, and Revolution* (Nova York, Vintage, 1974), p. 63.

[15] Karl Marx, *The 18th of Brumaire of Louis Bonaparte* (Nova York, International Publishers, 1963), p. 75 [ed. bras.: *O 18 de brumário de Luís Bonaparte*, trad. Nélio Schneider, São Paulo, Boitempo, 2011, p. 91].

mulheres trabalhadoras. Em *O capital*, elas permanecem como espectros, representadas apenas como vítimas de abuso, uma imagem em forte contraste com aquela projetada por reformistas da política da época, que as retratavam – principalmente se fossem solteiras e não estivessem encarregadas de crianças – como pessoas que desfrutavam de uma nova noção de liberdade graças ao fato de receberem um salário, saindo de casa muito jovens para "serem donas de si"[16] e se comportarem como homens[17].

Da diversidade do trabalho ao trabalho assalariado e à "produção"

Ao explicar esses silêncios e questionar por que Marx não estendeu sua crítica da economia política a uma "análise detalhada da reprodução social na vida doméstica", John Bellamy Foster argumentou que, em *O capital*, Marx estava preocupado em oferecer uma crítica do capitalismo articulada "a partir da perspectiva de sua própria concepção ideal", isto é, "nos termos de sua lógica intrínseca"; desse ponto de vista, o trabalho reprodutivo ficava fora dos limites da criação de valor"[18]. Marx, escreve Bellamy Foster, "caminhou

---

[16] Ivy Pinchbeck, *Women Workers and the Industrial Revolution: 1750-1850* (Nova York, F. S. Crofts & Co., 1930), p. 311-3.

[17] Ver, por exemplo, a intervenção de lorde Ashley durante os debates parlamentares em torno da Ten Hours Bill [Lei das Dez Horas], de 1847. Ele lamenta que "as mulheres não executam apenas o trabalho, mas ocupam os lugares dos homens; elas estão formando vários clubes e associações e estão adquirindo aos poucos aqueles privilégios reservados ao sexo masculino", Judy Lown, *Women and Industrialization. Gender at Work in 19th Century England* (Minneapolis, University of Minnesota Press, 1990), p. 181 e 44-5.

[18] John Bellamy Foster, "Women, Nature and Capital in the Industrial Revolution", *Monthly Review*, v. 69, n. 8, jan. 2018, p. 11.

gradualmente rumo à adoção das contradições do estabelecimento interno e externo do capital como um sistema". Ou seja, ele adotou a obliteração capitalista do trabalho reprodutivo não remunerado, e é aqui – ao que me parece – que reside o problema. Porque, ao fazer isso, Marx deixou de desvelar as próprias pressuposições da economia política clássica. Em vez de revelar o trabalho reprodutivo não remunerado como a fonte (aliás, o "segredo") da reprodução da força de trabalho, ele codificou a separação (característica da lógica e da história do desenvolvimento capitalista) entre produção e reprodução, bem como a naturalização desta última como "trabalho de mulheres". Vale ressaltar que, nos três volumes de *O capital*, ele relegou as únicas referências feitas ao trabalho doméstico às notas de rodapé[19]. Argumentar – em defesa de Marx – que existe uma diferença entre exploração da força de trabalho e expropriação das condições para sua produção, tais como o trabalho das mulheres e a natureza[20], não será suficiente, dada a alegação de Marx de que toda atividade que produz força de trabalho é um componente essencial da produção capitalista[21].

É preciso mais para explicar por que Marx, escrevendo durante a vigência de um programa governamental que tinha como objetivo reorganizar a vida fabril e familiar, acompanhado por um coro de denúncias contra o colapso da família proletária e o trabalho

---

[19] Karl Marx, *Capital*, v. I, cit., p. 517-8, notas 38 e 39 [ed. bras.: *O capital*, Livro I, cit., p. 469-70, notas 121 e 122].

[20] John Bellamy Foster, "Women, Nature and Capital in the Industrial Revolution", cit., p. 12-3. Para provar o argumento, Bellamy Foster cita um texto de Eleanor Marx no qual ela fala da "expropriação" dos direitos das mulheres e dos trabalhadores.

[21] "Portanto, o trabalho produtivo seria aquele que produz mercadoria ou que produz, treina, desenvolve, mantém e reproduz diretamente a própria força de trabalho", Karl Marx, *Theories of Surplus Value, Part 1* (Moscou, Progresso, 1969), p. 172.

reprodutivo das mulheres, ignorou tudo isso em sua análise da exploração capitalista.

Talvez ajude saber que ele não estava sozinho em sua interpretação reducionista do trabalho e da luta de classes. Como Federico Tomasello mostrou em *L'inizio del lavoro* [O início do trabalho], desde os anos 1830, especialmente na França, houve um complexo processo social pelo qual o Estado e o incipiente movimento operário redefiniram o trabalho e a figura do trabalhador de uma maneira que excluía as pessoas não assalariadas e privilegiava quem estava empregado no trabalho industrial[22]. A insurreição histórica do proletariado parisiense de 1830, que Victor Hugo imortalizou em *Os miseráveis*, seguida um ano depois pela tomada da cidade de Lyon por tecelãs e tecelões revoltados, desencadeou um processo de "integração" de setores selecionados entre a mão de obra rebelde cujo resultado, observa Tomasello, foi o surgimento do trabalhador assalariado, honesto e diligente enquanto figura jurídica, reconhecida pelo Estado como portador de direitos sociais, bem como do direito ao trabalho, que logo se tornou a base do Estado moderno e de todas as constituições modernas. A escolha do trabalho assalariado como condição privilegiada no que se refere aos direitos sociais e, com ela, o início de uma representação única do mundo do trabalho e da separação das *classes laborieuses* [pessoas assalariadas] e *classes dangereuses* [classes perigosas] também marcaram, de acordo com Tomasello, naqueles mesmos anos, o princípio dos movimentos sindical e socialista[23]. Isso indicaria que

---

[22] Federico Tomasello, *L'inizio del lavoro. Teoria politica e questione sociale nella Francia di prima metà Ottocento* (Roma, Carrocci Editore, 2018), esp. p. 96-8 e 105-6.

[23] Tomasello enfatiza o importante papel dos grupos sansimonianos na centralização da figura do trabalhador industrial e no desaparecimento do programa do movimento

a concepção excludente de Marx da classe trabalhadora não era produto de uma posição teórica. Em vez disso, também expressava uma operação política em que os interesses de um setor específico da classe trabalhadora foram priorizados, tanto na política institucional como na política radical, e que foi construída uma imagem genérica de trabalhador que canonizou o *"ouvrier"*, *"l'operaio"* – o trabalhador industrial geralmente do sexo masculino, branco e assalariado –, em detrimento de um universo mais amplo de sujeitos não assalariados que o capitalismo tem explorado, como trabalhadoras e trabalhadores domésticos, campesin@s, pessoas de origem africana escravizadas e outros sujeitos coloniais – uma operação que precedeu o engajamento político de Marx, juridicamente codificado na França no início da década de 1840, cuja análise, entretanto, contribuiu para consolidar, quanto mais se apresentava como resultado de um estudo científico da realidade social.

Nesse processo, muitas lutas que, também na Europa, até meados do século XIX, expressavam a oposição proletária à crescente hegemonia do mercado – motins por comida, contra fixação de preços, ataques a padarias, mercearias e carroças que levavam grãos aos portos para serem exportados[24] – foram apagadas da política radical. Foram lutas que uniram uma ampla população de proletários cujas bases de subsistência estavam sendo destruídas, no início do século XIX, pela crescente comercialização da terra

---

socialista/da classe trabalhadora de uma série de questões que tinham sido cruciais para as lutas anticapitalistas anteriores, como a "crítica do trabalho e da tecnologia, da família e do sistema criminal". Ibidem, p. 132, nota 38.

[24] Sobre o papel das mulheres nos protestos sociais e na ação coletiva na Inglaterra do início do século XIX, ver Sheila Rowbotham, *Women, Resistance, and Revolution*, cit., p. 102-4.

e da produção, como a sujeição dos preços dos grãos às leis de mercado[25]. Como escreve Ahlrich Meyer:

> Esta classe trabalhadora pobre consistia em pedintes e errantes em busca de trabalho, campesinato que atuava por dia ou em regime de arrendamento, tecelãos e tecelãs da indústria fabril artesanal protoindustrial, serventes, quebra-galhos das cidades, mão de obra migratória sazonal e das ferrovias, da construção, artesãos e artesãs proletarizados, o proletariado manufatureiro e fabril e, por último, mas não menos importante, a classe que Marx denominou lumpemproletariado, as classes perigosas, homens, mulheres e crianças em sua totalidade, uma classe amplamente mobilizada [...] que, pela primeira vez, devido ao processos de migração, também assumiu uma dimensão europeia.[26]

Como Meyer aponta, "em um ciclo de revoltas que durou quase cem anos", essas massas empobrecidas tiveram de aprender que "sua sobrevivência não era mais segura", pois as condições para tanto estavam sendo transformadas em condições de capital[27]. Assim, com as mulheres na liderança, "fizeram da questão da subsistência um assunto público", respondendo com uma "práxis de apropriação social" à "violenta expropriação e separação" dos meios de sua reprodução[28]. Meyer conclui que, se em 1848 o espectro do comunismo rondava a Europa, foi porque um amplo proletariado se recusou a ser condenado à pobreza e à fome e insistiu em revoltas de massa para que seu direito à existência fosse garantido[29].

---

[25] Sobre esse assunto, ver Ahlrich Meyer, "A Theory of Defeat", cit., p. 259-62.

[26] Ibidem, p. 260-1.

[27] Ibidem, p. 260.

[28] Idem.

[29] Ibidem, p. 261-2.

Para Meyer, foi a partir da derrota dessas lutas e da "sujeição das classes pobres e trabalhadoras a uma nova forma de subsistência" que se pôde construir uma concepção reducionista do trabalho e do trabalhador e "uma teoria do trabalho assalariado"[30].

Seja como for, a redução da classe trabalhadora ao trabalho assalariado tem consequências importantes na obra de Marx que comprometem o poder de sua análise do capitalismo. Ainda que, ao longo de *O capital*, toda articulação da sociedade capitalista – dinheiro, crédito, renda, maquinaria – esteja sujeita a uma análise mais minuciosa, reelaborada ao longo de centenas de páginas, não encontramos no texto nenhuma análise aprofundada nem da função nem das consequências políticas das diferenças e desigualdades no interior do proletariado e da existência simultânea, no capitalismo, de diferentes regimes de trabalho e formas de exploração. Nem gênero nem etnia aparecem, por exemplo, na discussão proposta por Marx sobre a divisão social do trabalho. Da mesma forma, Marx lamenta que, com o surgimento do trabalho industrial, o homem adulto trabalhador, o pai, se torna um "mercador de pessoas escravizadas"[31], vendendo o trabalho da esposa e das crianças a seus empregadores. Mas ele não questiona como isso foi possível, não nos diz que as mulheres casadas não estavam legalmente autorizadas a receber os salários pelos quais trabalhavam, já que não eram consideradas sujeitos de direito, capazes de estabelecer relações contratuais.

---

[30] Ibidem, p. 264.

[31] Como ele diz no Livro I de *O capital*: "Antes, o trabalhador vendia sua própria força de trabalho, da qual dispunha como pessoa formalmente livre. Agora, ele vende mulher e filho. Torna-se mercador de escravos. A demanda por trabalho infantil assemelha-se com frequência, também em sua forma, à demanda por escravos negros, como se costumava ler em anúncios de jornais americanos". Karl Marx, *Capital*, v. I, cit., p. 519 [ed. bras.: *O capital*, Livro I, cit., p. 469-70].

Apenas com a aprovação da Marriage Property Act [Lei do Regime de Bens no Casamento], em 1870, o sistema medieval de amparo, que apagava a existência das mulheres casadas perante a lei, chegou ao fim[32]. A subordinação das mulheres aos homens era tão arraigada na Inglaterra que o costume, popular entre o operariado, de terminar um casamento vendendo a esposa no mercado local se prolongou até o fim do século XIX, com casos relatados até mesmo em 1901 e 1913[33]. Isso explica por que as relações patriarcais que prevaleciam no chamado "sistema de produção domiciliar" não desapareceram quando a indústria artesanal foi substituída pela industrialização, mas foram reconstituídas nas fábricas – de modo que, pelo menos em uma fase inicial, a produção foi novamente estruturada de acordo com uma hierarquia de gênero, com o pai subcontratando o trabalho

---

[32] De acordo com William Blackstone, cujo tratado *Commentaries on the Laws of England* [Comentários sobre as leis da Inglaterra] sistematizou as práticas legais e judiciais da burguesia inglesa: "Pelo casamento, a mulher em pessoa ou sua existência legal ficava em suspenso ou era ao menos incorporada ou consolidada no marido, sob cuja tutela, proteção e amparo ela realiza todas as coisas e por isso é chamada, em nossa lei, de *'femme covert'*", em Lee Holcombe, *Wives and Property. Reform of the Married Women's Property Law In Nineteenth Century England* (Toronto/Buffalo, University of Toronto Press, 1983), p. 25-6.

[33] Sobre a venda de esposas, ver E.P. Thompson, *Customs in Common. Studies in Traditional Popular Culture* (Nova York, The New, 1991) [ed. bras.: *Costumes em comum: estudos sobre a cultura popular tradicional*, trad. Rosaura Eichemberg, São Paulo, Companhia das Letras, 1998]. De acordo com Thompson, que reuniu documentos sobre essa prática, a venda ou troca de uma esposa para serviços sexuais ou domésticos acontecia ocasionalmente em muitos lugares e épocas, na maioria das regiões da Inglaterra, acima de tudo entre trabalhadores braçais, como mineiros, padeiros, limpadores de chaminé, ferreiros, pedreiros, oleiros, tecelões, cortadores de pedras e muitas outras ocupações das classes de renda mais baixa (p. 408-9 e 413-4). Tolerado pela lei, o costume era tão arraigado que as vendas de esposas são registradas até nos primeiros 25 anos do século XX. Em alguns casos, as instituições que abrigavam a população mais pobre forçavam os maridos a vender as esposas para não precisarem sustentá-las. Era a maneira mais rápida, entre as classes de menor renda, de pôr fim a um casamento. De acordo com o costume, depois de fazer a mulher desfilar com uma correia em volta do pescoço, do braço ou da cintura, o marido a leiloava publicamente e a entregava ao proponente da maior oferta.

da esposa e das crianças ou vendendo o trabalho deles junto com o seu e reclamando o direito ao salário de todos.

Se Marx tivesse analisado as raízes e implicações sociais dessa norma patriarcal, ele teria reconhecido a existência de uma anomalia fundamental nas relações capitalistas. Teria percebido que a condição que ele estipulou para o desenvolvimento do trabalho assalariado – isto é, a "liberdade" concebida como a "posse do próprio corpo" e a capacidade de trabalhar – nunca foi estendida às mulheres. *Além disso, ele teria percebido que os direitos das mulheres pelos quais as feministas de seu tempo estavam lutando, principalmente em relação ao lugar das mulheres no casamento e na família, também eram direitos trabalhistas*, já que "ser amparadas" pelos maridos afetava a capacidade que elas tinham de manter um emprego, controlar seus salários e participar do movimento operário, pois o poder que os homens tinham de limitar as ações das esposas certamente restringia a capacidade de luta das mulheres.

A questão das relações patriarcais no interior da classe trabalhadora foi de especial importância na época de Marx, uma vez que, exatamente nos anos em que ele estava começando a trabalhar em *O capital*, a oposição dos trabalhadores do sexo masculino à presença de mulheres nas fábricas se intensificou depois da introdução de um sistema de salários individuais que deu às mulheres o controle sobre sua renda. Como Judy Lown revela em *Women and Industrialization* [Mulheres e industrialização], essa medida foi enfrentada com hostilidade pelos trabalhadores homens, resultando em tentativas de definir o trabalho das mulheres como não qualificado e de confiná-las às piores tarefas[34]. Os sindicatos também defenderam os

---

[34] Judy Lown, *Women and Industrialization*, cit., p. 107.

"princípios do patriarcado", se mobilizando a fim de aprovar uma "legislação protetiva" e apoiando a demanda dos trabalhadores do sexo masculino por um "salário familiar" que lhes permitisse sustentar uma esposa que supostamente não trabalhasse[35]. Em meados do século XIX, o "modelo do homem provedor" foi um argumento agregador das organizações da classe trabalhadora[36]. Repetindo, *O capital* não faz nenhuma menção a essa luta marcada pela questão de gênero, embora ela enfraqueça de forma convincente a unidade da classe trabalhadora e coloque em risco os meios de subsistência das mulheres. Novamente, tudo o que encontramos nos três volumes da obra é uma nota de rodapé afirmando o fato de "a limitação do trabalho feminino e infantil nas fábricas inglesas ter sido conquistada ao capital pelos trabalhadores masculinos adultos"[37].

Gênero, trabalho e salário familiar na Primeira Internacional dos Trabalhadores

Será que os silêncios de Marx em questões tão cruciais foram produto da conveniência política? Essa é uma questão legítima, já que sabemos, por meio de sua correspondência com Engels, que Marx sempre viu seu trabalho em *O capital* como diretamente ligado à política e aos debates no interior da Associação Internacional dos Trabalhadores (AIT), da qual ele foi dirigente e fundador[38]. Também

---

[35] Ibidem, p. 213.

[36] Wally Seccombe, *Weathering the Storm*, cit., p. 111-24.

[37] Karl Marx, *Capital*, v. I, cit., p. 519, nota 40 [ed. bras.: *O capital*, Livro I, cit., p. 469, nota 122].

[38] Sobre isso, ver William A. Pelz, "Capital and the First International", em Ingo Schmidt e Carlo Fanelli (orgs.), *Reading Capital Today* (Londres, Pluto, 2017), p. 36-7 e seg.

sabemos que os direitos das mulheres foram assunto muito debatido na organização, que estava tão dividida quanto ao tema que levou sete meses após sua fundação para aprovar a qualificação das mulheres como membros e dois anos até que fosse atribuído a uma mulher bastante conhecida, Harriet Law, um posto de liderança como integrante do Conselho Geral. Ainda assim, Marx não fez nenhuma menção à situação especial das mulheres em seu discurso inaugural. De acordo com os registros, ele "não abriu nenhum espaço específico para as mulheres trabalhadoras, cuja opressão era, ao que parece, considerada apenas uma parte daquela sofrida pelos trabalhadores"[39]. Marx também participou da campanha, no início dos anos 1870, para banir a Seção 12, a ala mais feminista[40] da AIT, que apoiava o sufrágio feminino, o "amor livre" e o que sua líder, Victoria Woodhull, chamava de "liberdade social", ou seja, a independência das mulheres em relação ao salário masculino e à escravização doméstica inscrita no casamento[41]. Vale enfatizar que o

---

[39] Christine Fauré, *Political and Historical Encyclopedia of Women* (Nova York, Routledge, 2003), p. 345-6.

[40] Dado que a maioria das seções da AIT era identificada pelo setor de produção em que seus membros, em grande parte imigrantes de origem alemã, estavam empregados, a Seção 12 era dominada por radicais estadunidenses (com frequência chamados "internacionalistas ianques"). Quando as duas facções começaram a discutir, o próprio Marx recomendou a expulsão daquela que dava "primazia à questão das mulheres em detrimento da questão trabalhista" (Nancy Folbre, "Socialism, Feminist and Scientific", em Marianne A. Ferber e Julie A. Nelson, orgs., *Beyond Economic Man: Feminist Theory and Economics*, Chicago, University of Chicago Press, 2009, p. 103, nota). Ecoando Marx, um membro da Seção 1 defendeu a expulsão: "Esses absurdos sobre os quais falam, sufrágio feminino e amor livre, podem servir a consideração futura, mas a questão que nos interessa, como homens da classe trabalhadora, é a do trabalho e dos salários", Amanda Frisken, *Victoria Woodhull's Sexual Revolution: Political Theater and Popular Press in Nineteenth-Century America* (Filadélfia, University of Pennsylvania Press, 2004), p. 44.

[41] Ela escreveu: "Ouvi mulheres responderem, quando essa dificuldade lhes foi apresentada: 'Não podemos excluir os homens como somos forçadas a [excluir] as mulheres,

salário foi usado no processo de expulsão de integrantes, já que o Conselho Geral da AIT (em grande parte sob influência de Marx) "introduziu uma regra de 'dois terços', sustentando que dois terços dos membros de qualquer seção da AIT tinham que ser da classe trabalhadora assalariada, uma decisão que favorecia a participação de trabalhadores nas negociações e ofícios, mas que excluía quase todas as mulheres interessadas nas reformas"[42]. Essa expulsão teve um profundo impacto no desenvolvimento do movimento revolucionário da classe trabalhadora, talvez tão importante quanto a cisão entre anarquistas e comunistas que contrapôs Marx a Bakunin, pois colocou as questões sobre relações de gênero, sexualidade e o poder das mulheres na esfera do futuro ou, pior, na zona proibida dos direitos burgueses.

Como um dos principais porta-vozes da Internacional, Marx sem dúvida sabia que a maioria dos homens que dela participavam apoiava uma estrita limitação da contratação de mulheres nas fábricas e a instituição do salário familiar, e ele provavelmente foi ambíguo quanto ao tema, assim como foi em relação à destruição da família na época da manufatura, o que ele lamentou, mas considerou útil à libertação de mulheres e crianças da dominação patriarcal[43]. Sobre sua postura indefinida em relação ao "salário familiar", temos o testemunho de Harriet Law, única mulher a integrar o Conselho Geral da Internacional. Segundo objeção de Law à intervenção de Marx em um debate sobre a questão – conforme registrado nas atas do Conselho Geral da Primeira Internacional –,

---

já que dependemos deles para nosso sustento" (citada em Amanda Frisken, *Victoria Woodhull's Sexual Revolution*, cit., p. 39).

[42] Ibidem, p. 44.

[43] Ver Karl Marx, *Capital*, v. I, cit., p. 620 [ed. bras.: *O capital*, Livro I, cit., p. 560].

Marx era a favor da integração das mulheres ao trabalho industrial, mas afirmou que as condições sob as quais mulheres e crianças trabalhavam eram abomináveis[44], fortalecendo, assim, a posição dos defensores do salário familiar[45]. Law acreditava que Marx havia traído o interesse das mulheres da classe trabalhadora e registrou sua objeção. É possível, entretanto, que Marx considerasse a instauração do "salário familiar" e a redução do trabalho das mulheres nas fábricas um fenômeno temporário, já que o avanço da industrialização exigiria a participação das mulheres e (como ele escreveu no Livro I) criaria "o novo fundamento econômico para uma forma superior da família e da relação entre os sexos"[46].

Se foi esse o pressuposto de Marx ao apoiar o "salário familiar", tratou-se de um grande erro de cálculo. Nos anos 1870, estava em curso um histórico programa de reformas que, na virada do século, transformou as relações de classe e disseminou o conflito de classes, enviando muitas das operárias fabris de volta para casa e inaugurando um novo tipo de regime patriarcal que pode ser intitulado "patriarcado do salário"[47]. Com essas mudanças, o medo de uma revolução da classe trabalhadora, que assombrava a classe capitalista desde 1848, foi amplamente dissipado. Em 1880, tanto na Inglaterra quanto do outro lado do Atlântico, surgiu uma

---

[44] Christine Fauré, *Political and Historical Encyclopedia of Women*, cit., p. 346.

[45] Interessante, nesse contexto, que uma das poucas referências à luta das mulheres na obra de Marx é à mobilização das esposas em apoio à demanda de seus maridos pelo "salário familiar". Como Heather A. Brown relata, Marx, em um artigo de 1853, descreveu os "esforços das mulheres para garantir que os homens recebessem um 'salário familiar'", citando um argumento dos organizadores de que todo homem deveria receber um salário justo para que "pudesse sustentar a si mesmo e à sua família confortavelmente", Heather A. Brown, *Marx on Gender and the Family* (Boston, Brill, 2012), p. 103.

[46] Karl Marx, *Capital*, v. I, cit., p. 620-1 [ed. bras.: *O capital*, Livro I, cit., p. 560].

[47] Silvia Federici, *Caliban and the Witch*, cit. [ed. bras.: *Calibã e a bruxa*, cit.].

nova mão de obra predominantemente masculina que talvez não tenha olhado para as leis da organização capitalista do trabalho "como leis naturais" – como Marx havia previsto que aconteceria no curso do desenvolvimento capitalista –, mas que foi social e politicamente domesticada, tendo, assim, novos motivos para "se sentir confortável quando não estava trabalhando"[48].

Conclusão

Neste texto, argumentei que a atenção limitada dada por Marx, em suas principais obras, a questões como família, atividades reprodutivas e hierarquias de gênero – aquelas que existiam na primeira fase da industrialização e aquelas que estavam sendo produzidas em resposta à crise reprodutiva de meados do século XIX – não pode ser atribuída apenas às condições de vida das famílias da classe trabalhadora durante a primeira fase da Revolução Industrial ou a um equívoco machista. Ao contrário, assim como o movimento socialista contemporâneo, Marx adotou um conceito limitado de trabalho e de trabalhador no capitalismo, em grande medida porque superestimou o papel do desenvolvimento capitalista na constituição de uma sociedade comunista. Ele também superestimou o poder

---

[48] A referência, aqui, é ao comentário de Marx na seção de *Manuscritos econômico--filosóficos* em que ele discute o "trabalho alienado"; uma vez que o trabalho no capitalismo é uma atividade alienante, "o trabalhador só se sente, por conseguinte e em primeiro lugar, junto a si [quando] fora do trabalho e fora de si [quando] no trabalho. Está em casa quando não trabalha e, quando trabalha, não está em casa. O seu trabalho não é, portanto, voluntário, mas forçado, trabalho obrigatório", Karl Marx, *Economic and Philosophical Manuscripts of 1844* (Moscou, Foreign Languages, 1961), p. 72 [ed. bras.: *Manuscritos econômico-filosóficos*, trad. Jesus Ranieri, São Paulo, Boitempo, 2004, p. 82]. Esse comentário foi muitas vezes criticado por feministas como um exemplo a mais da desvalorização, por Marx, das atividades reprodutivas.

da industrialização em criar a base material para uma sociedade mais igualitária e estava tão convencido de que a classe trabalhadora industrial assalariada era o sujeito revolucionário que se dispôs a sacrificar, em nome da causa desse grupo, questões e interesses que, em sua visão, não estavam diretamente relacionados ao confronto entre capital e trabalho, como o desejo que as mulheres tinham de se libertar da dependência social e econômica dos homens. Assim, embora ele possa ter reconhecido que a demanda por um "salário familiar" e por restrições ao trabalho das mulheres implicava, de forma inelutável, a consolidação de relações patriarcais no interior da classe trabalhadora, ele aceitou tal arranjo, talvez confiante que o processo revolucionário inevitavelmente desencadeado pelo desenvolvimento capitalista corrigiria a situação.

Tecer essa crítica a Marx não diminui o reconhecimento da poderosa contribuição que ele deu à nossa compreensão da sociedade capitalista e (indiretamente) à teoria feminista. Como a recente comemoração do aniversário de publicação de *O capital* demonstrou, 150 anos depois, até quem o critica precisa tomar a análise de Marx como ponto de referência para decifrar os movimentos do capital e as perspectivas de seu desenvolvimento futuro. Se a teoria do valor-trabalho ainda descreve o processo de acumulação do capital ou não e se podemos explicar a política econômica atual por meio da queda na taxa de lucro continuam sendo questões tão importantes quanto o foram no fim da vida de Marx, e, atualmente, é difícil imaginar discutir relações sociais e políticas que não se apoiem em conceitos como mercantilização, alienação e exploração. A teoria feminista também tem se fortalecido pela metodologia de Marx, que enfatiza o caráter historicamente construído da realidade social e, assim, rejeita conceitos identitários naturalizados/perpetuadores.

Mais importante, Marx nos deu ferramentas para detectar como o capital se infiltra nas esferas mais íntimas da vida doméstica e afetiva. Mas as mesmas ferramentas também demonstram os limites de sua teoria. Demonstram, em especial, que o silêncio dele sobre o papel das atividades reprodutivas no capitalismo não é uma omissão irrelevante, já que o levou a subestimar o poder das divisões que o capitalismo implantou no corpo do proletariado e a confiar no desenvolvimento capitalista como desenvolvimento de uma classe trabalhadora revolucionária.

Destacar esses limites na obra de Marx é particularmente importante nos dias de hoje, quando, diante das forças do desenvolvimento capitalista, que parecem destrutivas e ilimitadas, devemos nos perguntar por que a revolução inevitável que Marx previu não aconteceu. Na verdade, quando buscamos uma resposta para essa questão, é útil refletirmos sobre como, até recentemente, a descrição marxista da exploração capitalista ignorou o maior setor de trabalho e de mão de obra da Terra e também excluiu da luta de classes uma série de fatores cruciais na vida de trabalhadoras e trabalhadores e na relação que essas pessoas mantêm com o capital e o Estado. Não há como negar o fato de que as mulheres, o trabalho doméstico, o trabalho do sexo e a criação das crianças estão ausentes da teoria e da militância marxista/comunista e que, com raras exceções, para a tradição marxista a mão de obra é branca e masculina. É exemplar o modo como os movimentos socialista/comunista ignoraram, quando não baniram, preocupações que eram de extrema importância para mulheres e homens do proletariado, como o controle de natalidade. Como Seccombe relata, mesmo nos anos 1910 e 1920, os partidos socialistas se opuseram ao uso de contraceptivos e à limitação da família, apontando-os como uma trama malthusiana para "colocar a culpa da pobreza nos pobres". Clara Zetkin, por exemplo, denunciou o controle de natalidade, chamando-o de "indulgência individualista" e argumentando que "o proletariado deve considerar a necessidade de ter o máximo de combatentes possível"[49]. Deve-se observar, nesse contexto, que apenas em 1891 o SPD [Partido Social-Democrata da Alemanha] "aceitou oficialmente os direitos iguais para as mulheres, e apenas em um sentido legal bastante limitado"[50]. Gerações de marxistas também enxergaram a trabalhadora doméstica em tempo integral como um sujeito atrasado, incapaz de se organizar. De forma característica, quando, nos anos 1940, Mary Inman, trabalhadora fabril de Los Angeles, salientou a produtividade do trabalho doméstico em sua obra *In Woman's Defense* [Em defesa da mulher] (1945), o Partido Comunista dos Estados Unidos a proibiu de continuar ensinando em sua escola de educação operária[51]. Em moldes similares, veja-se também a inabilidade de marxistas, nos anos 1960 e 1970, em reconhecer a importância do movimento feminista e até mesmo da luta feminista mais específica contra o trabalho doméstico não remunerado como um fator determinante da definição do valor da força de trabalho.

Muita coisa mudou na atualidade em comparação aos anos 1970, quando as feministas eram rotineiramente acusadas de dividir a classe trabalhadora. O avanço dos movimentos estudantil, feminista e ambiental, bem como a crise do trabalho assalariado, forçaram os grupos marxistas a olhar além da fábrica, para a escola,

---

[49] Wally Seccombe, *Weathering the Storm*, cit., p. 164-6, sobretudo p. 165.

[50] Sheila Rowbotham, *Women, Resistance, and Revolution*, cit., p. 80.

[51] Sobre esse tópico, ver Kate Weigand, *Red Feminism. American Communism and the Making of Women's Liberation* (Baltimore, The Johns Hopkins University Press, 2001).

o meio ambiente e, mais recentemente, a "reprodução social" como terrenos cruciais para a reprodução da mão de obra e para a luta da classe trabalhadora. Mas, com algumas exceções, persiste a inabilidade da esquerda marxista em enxergar a reprodução da vida humana e da força de trabalho, bem como as hierarquias de gênero erguidas sobre ela, como elementos-chave do processo de acumulação. Consideremos a teorização, por marxistas autonomistas, do domínio do "trabalho imaterial" na atual fase do desenvolvimento capitalista e o argumento associado (que expande a visão de Marx em "Fragmento sobre as máquinas", nos *Grundrisse*)[52] de que o capitalismo está operando no sentido de eliminar o trabalho vivo do "processo de produção"; essa teorização ignora que o trabalho reprodutivo, sobretudo na forma do cuidado das crianças, não pode ser reduzido à industrialização e é um exemplo paradigmático da interpenetração de elementos emocionais e materiais na maioria das formas de trabalho. Consideremos também a contínua relutância de um grande número de marxistas em criticar a teoria de Marx de que o processo revolucionário é baseado na globalização da produção capitalista, ainda que hoje esteja perfeitamente claro que isso só pode ocorrer ao custo da destruição dos meios de reprodução de muitas populações por todo o planeta. Na verdade, se aceitássemos a tese de Marx sobre o caráter progressivo do capitalismo, teríamos de rejeitar algumas das lutas mais poderosas em curso no mundo por serem ineficazes, se não completamente reacionárias. São, pois, evidentemente lutas contra o desenvolvimento capitalista, desenvolvimento esse que, aos olhos das comunidades de povos indígenas que lutam, por exemplo, contra a destruição de suas

---

[52] Karl Marx, *Grundrisse*, cit., p. 690-710 [ed. bras.: *Grundrisse*, cit., p. 578-89].

terras e culturas por mineradoras, empresas de extração de petróleo, construtoras de usinas hidrelétricas ou outros "megaprojetos", não pode ter outro nome senão "violência"[53].

Em resumo, se o "cerne revolucionário" da teoria de Marx deve ser resgatado do amontoado de interpretações desenvolvimentistas e de usos sob os quais foi soterrada, sem dúvida inspirados por Marx, teremos de repensar o marxismo e o capitalismo do ponto de vista do processo de reprodução, como parte de nós já tem feito há décadas, reconhecendo que esse é o terreno mais estratégico tanto na luta contra o capitalismo quanto na construção de uma sociedade não exploradora.

153

---

[53] Naomi Klein, *This Changes Everything: Capitalism vs. Climate* (Nova York, Simon and Schuster, 2014).

Origens do trabalho doméstico na Inglaterra: a reconstrução da família proletária, trabalho doméstico e o patriarcado do salário

O trabalho doméstico é até hoje considerado por muitas pessoas uma vocação natural das mulheres, tanto que é rotulado como "trabalho de mulher". Na realidade, o trabalho doméstico, como o conhecemos, é uma estrutura bastante recente, datada do fim do século XIX e das primeiras décadas do século XX, quando, pressionada pela insurgência da classe trabalhadora e pela necessidade de mão de obra mais produtiva, a classe capitalista da Inglaterra e dos Estados Unidos começou uma reforma social que transformou não apenas a fábrica, mas a comunidade, o lar e, antes de tudo, a posição social das mulheres.

Segundo o ponto de vista dos impactos sobre as mulheres, essa reforma pode ser descrita como a criação da dona de casa em tempo integral, um processo complexo de engenharia social que, em poucas décadas, retirou as mulheres – em especial as mães – das fábricas, aumentou substancialmente os salários da mão de obra masculina, o suficiente para sustentar a dona de casa "que não trabalhava", e instituiu formas de educação popular para ensinar às operárias as habilidades necessárias ao trabalho doméstico.

Essa reforma não foi promovida apenas por governos e empregadores. Os trabalhadores do sexo masculino também exigiram a exclusão das mulheres das fábricas e de outros espaços de trabalho assalariado, com o argumento de que o lugar delas era em casa. A partir das últimas décadas do século XIX, os sindicatos realizaram intensas campanhas nesse sentido, convencidos de que o fim da competição com mulheres e crianças fortaleceria o poder de negociação dos trabalhadores. Como Wally Seccombe mostrou em *Weathering the Storm. Working-Class Families from the Industrial Revolution to the Fertility Decline* [Resistindo à tempestade: famílias da classe trabalhadora, da Revolução Industrial à queda da fertilidade] (1993), na época da Primeira Guerra Mundial, a ideia de um "salário familiar" ou "salário de subsistência" tinha se tornado "um poderoso dispositivo do movimento operário e o objetivo principal da negociação sindical, endossado por partidos da classe trabalhadora em todo o mundo capitalista desenvolvido"[1]. Aliás, ser capaz de obter salários altos o suficiente para sustentar a própria família se tornou um distintivo de respeitabilidade masculina, distinguindo as camadas mais altas da classe trabalhadora da mão de obra empobrecida[2].

Nesse sentido, os interesses dos homens trabalhadores e dos capitalistas coincidiam. A crise desencadeada pela luta da classe trabalhadora na Inglaterra nos anos 1830 e 1840 – com a ascensão do cartismo e do sindicalismo, o início do movimento socialista e o medo disseminado entre empregadores pela insurgência da classe trabalhadora em toda a Europa em 1848, "se alastrando como um

---

[1] Wally Seccombe, *Weathering the Storm. Working-Class Families from the Industrial Revolution to the Fertility Decline* (Londres, Verso, 1993), p. 114.

[2] Idem.

incêndio florestal por todo o continente"[3] – convenceu governantes de que era necessário melhorar a vida de trabalhadores e trabalhadoras. Se a Grã-Bretanha não estivesse disposta a enfrentar um longo tumulto social ou mesmo uma revolução, a velha estratégia de arrochar os salários ao mínimo e prolongar a jornada de trabalho ao máximo, sem tempo livre para a reprodução, teria de ser abandonada.

Uma grande preocupação entre reformistas eram também os sinais crescentes da insatisfação generalizada entre as mulheres da classe trabalhadora com a família e a reprodução. Trabalhando na fábricas o dia todo, recebendo os próprios salários, acostumadas a ser independentes e a transitar em espaços públicos com outras mulheres e homens durante a maior parte do dia, as mulheres da classe trabalhadora inglesa, sobretudo as "moças" das fábricas, "não tinham interesse em produzir a próxima geração de trabalhadoras e trabalhadores"[4]; elas se recusavam a assumir um papel no trabalho doméstico e ameaçavam a moralidade burguesa com seus modos escandalosos e hábitos masculinos, como fumar e beber[5].

As reclamações sobre a falta de habilidades domésticas e sobre os hábitos de desperdício das trabalhadoras – a tendência a comprar tudo de que precisavam, a inaptidão para cozinhar, costurar e

---

[3] Ibidem, p. 80.

[4] Maria Mies, *Patriarchy and Accumulation on a World Scale: Women in the International Division of Labor* (Londres, Zed, 1986), p. 105. Ver também Leopoldina Fortunati, *The Arcane of Reproduction: Housework, Prostitution, Labor and Capital* (Nova York, Autonomedia, 1995 [1981]), p. 171.

[5] Como um "representante de uma fábrica britânica queixou-se: 'Elas frequentemente entram nas cervejarias, pedem seus *pints* e fumam cachimbos como homens'". De acordo com outro observador da época, o fato de receber salários estimulou nas mulheres "um espírito precoce de independência que enfraquece os laços familiares e é altamente desfavorável ao crescimento da virtude doméstica". Wally Seccombe, *Weathering the Storm*, cit., p. 121.

manter a casa limpa, forçando os maridos a se refugiarem nas *gin shops*, e a falta de afeto maternal – foram um componente básico dos relatos de reformistas dos anos 1840 até a virada do século[6]. Uma queixa típica da Children's Employment Commission [Comissão de Emprego Infantil], em 1867:

> Estando no emprego das oito da manhã às cinco da tarde, elas [isto é, as mulheres casadas] chegam em casa cansadas e esgotadas, sem disposição para qualquer esforço adicional a fim de tornar a moradia confortável, [por isso,] quando o marido chega, ele encontra tudo desconfortável, a moradia suja, nenhuma refeição pronta, as crianças irritadas e briguentas, a esposa desleixada e zangada, e seu lar é tão hostil que não raro ele se dirige ao bar e se torna um bêbado.[7]

Até Marx observou que as "moças das fábricas" não tinham habilidades domésticas e usavam seus ordenados para comprar provisões que antes eram produzidas em casa, concluindo que o fechamento das fábricas de algodão provocado pela guerra civil estadunidense havia tido ao menos um efeito benéfico, porque as mulheres operárias

> encontravam, agora, tempo livre necessário para amamentar suas crianças, em vez de envenená-las com Godfrey's Cordial (um opiato), e dispunham de tempo para aprender a cozinhar. Lamentavelmente, essa arte culinária lhes chegou num momento em que nada tinham para comer. Vê-se, pois, como o capital, visando a sua autovalorização, usurpou o trabalho familiar necessário para o consumo. Mesmo

---

[6] Margaret Hewitt, *Wives and Mothers in Victorian Industry. A Study of the Effects of the Employment of Married Women in Victorian Industry* (Londres, Rockliff, 1958), esp. cap. VI, "The Married Operative as a Home-Maker".

[7] Idem. Ver também Wally Seccombe, *Weathering the Storm*, cit., p. 119-20.

assim, a crise foi usada para, em escolas especiais, ensinar as filhas dos operários a costurar. Enfim, para que jovens trabalhadoras, que fiam para o mundo inteiro, aprendessem a costurar, foram necessárias uma revolução na América do Norte e uma crise mundial![8]

Somando-se à preocupação com a crise na vida doméstica que a contratação de mulheres causou, havia o medo de que elas usurpassem as prerrogativas masculinas, algo que – acreditava-se – destruiria a família e desencadearia distúrbios sociais. Conforme alertou um defensor da jornada limitada para mulheres da classe trabalhadora durante os debates parlamentares que culminaram na Ten Hours Bill [Lei das Dez Horas] de 1847, as mulheres trabalhadoras "não executam apenas o trabalho, mas ocupam os lugares dos homens; elas estão formando vários clubes e associações e estão adquirindo aos poucos aqueles privilégios reservados ao sexo masculino"[9]. Uma família desfeita, supunha-se, contribuiria para um país instável. Os maridos negligenciados sairiam de casa, passariam o tempo livre em bares, cervejarias e *gin shops*, fariam contatos perigosos que encorajariam uma inclinação subversiva.

Um perigo adicional era que a combinação de baixos salários, longas jornadas de trabalho e falta de serviços domésticos estivesse dizimando a mão de obra, reduzindo a expectativa de vida e produzindo indivíduos fracos de quem não se podia esperar que se tornassem bons trabalhadores nem bons soldados. Mais uma vez, como relatado por Wally Seccombe,

---

[8] Karl Marx, *Capital*, v. I (Londres, Penguin, 1990), p. 517-8, nota [ed. bras.: *O capital. Crítica da economia política*, Livro I: *O processo de produção do capital*, trad. Rubens Enderle, São Paulo, Boitempo, 2011, p. 468, nota 120].

[9] Judy Lown, *Women and Industrialization. Gender at Work in 19th Century England* (Minneapolis, University of Minnesota Press, 1990), p. 181.

a vitalidade, a saúde e a resistência do proletariado urbano foram gradualmente esgotadas no primeiro estágio da industrialização. A mão de obra era exaurida ainda jovem, e suas crianças estavam doentes e frágeis. Crescendo em moradias miseráveis, as pessoas eram colocadas para trabalhar aos oito ou dez anos e estavam exauridas aos quarenta, incapazes de trabalhar doze horas por dia, cinco dias e meio por semana, ano após ano.[10]

Sobrecarregados, desnutridos, vivendo em bairros pobres e apinhados, os trabalhadores e as trabalhadoras das cidades industriais de Lancashire tinham a vida tolhida e faleciam precocemente. Em Manchester e Liverpool, nos anos 1860, podiam ter uma expectativa de vida de menos de trinta anos[11]. A mortalidade infantil também era descontrolada e, nesse caso, ainda se alegava que a negligência e a falta de afeto maternos eram as principais causas. Fiscais de fábricas, entretanto, reconheceram que, estando ausentes de casa a maior parte do dia, as trabalhadoras não tinham opção exceto deixar os bebês com alguma menina mais nova ou uma mulher mais velha que os alimentava com pão e água e lhes dava fartas doses de Godfrey's Cordial, um opiato popular, para acalmá-los[12]. Não é

---

[10] Wally Seccombe, *Weathering the Storm*, cit., p. 73.

[11] Ibidem, p. 75 e 77.

[12] Margaret Hewitt, *Wives and Mothers in Victorian Industry*, cit., p. 152. Sobre o uso de Godfrey's Cordial, ver todo o capítulo X, "Medicamentos para bebês". Segundo Hewitt, "para acalmar os choros aflitos de bebês, que deviam estar em sofrimento constante devido à dieta anormal, as cuidadoras tinham o hábito de administrar gim e menta, além de outras panaceias, como o Godfrey's Cordial, Atkinson Royal Infants' Preservative e Mrs. Wilkinson Soothing Syrup. Assim, era estabelecido o círculo vicioso de alimentá-los com pão e água e depois [...] [dar-lhes] um pouco mais de bebida destilada, e isso continua durante todo o dia [...]. A composição desses tônicos variava de um boticário para outro, mas algum narcótico – ópio, láudano, morfina – era um dos ingredientes de todos eles" (ibidem p. 141). Hewitt acrescenta que "as vendas desses opiatos nos distritos fabris eram

de surpreender que muitas operárias também tentassem evitar a gravidez tomando medicamentos abortivos.

É com esse pano de fundo que devemos considerar os crescentes protestos entre as classes de renda média e alta, em meados do século, contra a "escandalosa perda de vidas" que o regime fabril impunha, e era ainda mais preocupante que as condições de vida em outros "ramos" não fossem muito superiores. Longe de serem incomuns, as condições de vida das cidades industriais denunciadas por reformistas eram replicadas nas áreas agrícolas – onde as mulheres trabalhavam em grupos, contratadas por dia[13] – e nos distritos de extração de minério, como North Lancashire, Cheshire e Gales do Sul. Ali (como Marx também descreveu), tanto mulheres adultas como meninas, de treze anos ou até mais novas, trabalhavam seminuas em crateras, às vezes com água até os joelhos e muitas vezes também com crianças, durante onze horas por dia ou mais, para extrair o minério, quebrar os pedaços maiores ou prender os vagonetes de transporte, e "despachar" o carvão até as trilhas dos cavalos[14].

A óbvia incapacidade da classe trabalhadora de se reproduzir e fornecer um fluxo contínuo de mão de obra era particularmente problemática porque o período entre 1850 e a virada do século XX viu, tanto na Grã-Bretanha como nos Estados Unidos, uma grande transformação no sistema de produção, exigindo um tipo de mão de

---

enormes. Em Coventry, 12 mil doses de Godfrey foram administradas semanalmente, e em Nottingham até mais, proporcionalmente" (ibidem, p. 142).

[13] Sobre o "sistema de grupos" e os baixos padrões de conforto doméstico devido à contratação das mulheres no trabalho agrícola, ver Ivy Pinchbeck, *Women Workers and the Industrial Revolution: 1750-1850* (Nova York, F. S. Crofts & Co., 1930), p. 86-7 e 106-7.

[14] Ibidem, cap. 11, p. 240 e seg. Ver, principalmente, p. 244-5 e 247-9.

obra mais forte e mais produtiva. Em geral denominada "Segunda Revolução Industrial"[15], tratou-se da passagem da indústria leve para a pesada. Foi a troca da produção de algodão pelo aço, ferro e carvão como principais setores industriais e principais fontes de acumulação de capital, que se tornou possível por meio da criação de uma extensa malha ferroviária e da introdução da energia a vapor.

Foi entre arquitetos dessa nova revolução industrial que, já por volta de 1840, uma nova doutrina começou a se estabelecer. Ela associava alta produtividade e formas mais intensivas de exploração do trabalho a salários mais altos para os homens, jornadas mais curtas e, o mais importante, melhores condições de vida da classe trabalhadora, propiciadas pela presença, no lar, de esposas dedicadas e econômicas[16].

Décadas mais tarde, em *Princípios de economia*, de 1890, o economista inglês Alfred Marshall explicou com clareza o novo credo industrial. Refletindo sobre as condições que garantem a "saúde e o vigor, físico, mental e moral" [dos trabalhadores e das trabalhadoras] e constituem (nas palavras dele) "a base da eficiência industrial, onde assenta a produção de riqueza material"[17], ele conclui que um fator-chave para isso é a presença de "uma hábil dona de casa[18] [que], com dez xelins por semana para

---

[15] Sobre a "Segunda Revolução Industrial", ver Wally Seccombe, *Weathering the Storm*, cit., cap. 4, "The Second Industrial Revolution: 1873-1914"; Eric Hobsbawm, *Industry and Empire: The Making of Modern English Society* (Nova York, Random House, 1968), v. 2, 1750 to the Present Day, cap. 6, "Industrialization: The Second Phase. 1840-1895".

[16] Eric Hobsbawm, *Industry and Empire*, cit., p. 101 e seg.

[17] Alfred Marshall, *Principles of Economics – An Introductory Volume* (Londres, Macmillan, 1938), p. 193 [ed. bras.: *Princípios de economia – tratado introdutório*, trad. Rômulo Almeida e Ottolmy Strauch, São Paulo, Nova Cultural, 1996, p. 251].

[18] Ibidem, p. 195 [p. 253].

comida, fará por vezes mais pela saúde e pelo vigor da família do que outra inexperiente com vinte xelins". E acrescenta: "A grande mortalidade de crianças entre os pobres é largamente devida à falta de cuidado e de tino no preparo da sua alimentação; e as que não morrem dessa carência do trato maternal frequentemente crescem com uma constituição débil"[19].

Marshall também enfatiza que a mãe é "a primeira e mais poderosa influência"[20] na determinação da "habilidade geral" para trabalhar, definida como ser capaz de

> ter em mente muita coisa ao mesmo tempo, cada coisa pronta a seu tempo, agir rapidamente e saber resolver as dificuldades que se possam apresentar, de se acomodar facilmente com qualquer mudança nos detalhes do trabalho executado, de ser constante e digno de confiança, de ter sempre uma reserva de forças para serem utilizadas em caso de emergência. Essas qualidades não são exclusivas de uma determinada ocupação, mas são requeridas em todas elas.[21]

Por isso, não surpreende que, a partir dos anos 1840, relatórios e mais relatórios começassem a recomendar que as mulheres casadas tivessem sua jornada de trabalho nas fábricas reduzida, para lhes permitir realizar suas obrigações domésticas, e que os empregadores se abstivessem de contratar mulheres grávidas. Por trás da criação da dona de casa da classe trabalhadora e da extensão a

---

[19] Ibidem, p. 195-6 [p. 253].

[20] Segundo ele, "a habilidade geral depende, em grande parte, do ambiente da infância e da juventude. Nisso, a primeira e mais poderosa influência é a da mãe" (ibidem, p. 207 [p. 263-4]). Por esse motivo, Marshall se opunha ao trabalho das mulheres por salários. Ele observou que a mortalidade infantil "é geralmente maior em particular nos lugares onde há muitas mães que negligenciam seus deveres familiares a fim de ganhar salários". Ibidem, p. 198 [p. 256].

[21] Ibidem, p. 206-7 [p. 263].

ela do tipo de lar/vida familiar anteriormente reservado à classe média, havia a necessidade de um novo tipo de trabalhador, mais saudável, mais robusto, mais produtivo e, acima de tudo, mais disciplinado e "domesticado".

Daí a expulsão gradual das mulheres e crianças das fábricas, a introdução do salário familiar, a instrução das mulheres nas virtudes da vida doméstica; em resumo, um novo regime reprodutivo e um novo "contrato social" que na época da Primeira Guerra Mundial havia se tornado a norma nos países industriais. Nos Estados Unidos, tal contrato atingiu o auge na década anterior ao início da guerra, com a ascensão do fordismo, naquela que é chamada de "era progressista"[22]. De acordo com sua lógica, o investimento na reprodução da classe trabalhadora corresponderia a uma produtividade elevada, com a dona de casa encarregada de garantir que o salário fosse bem gasto, que o trabalhador estivesse bem cuidado para ser consumido por outro dia de trabalho e que as crianças fossem bem preparadas para seu futuro destino de trabalhadores e trabalhadoras.

Na Inglaterra, esse processo começou com a aprovação da Mine Act [Lei de Mineração], de 1842, que proibiu todas as mulheres e menores de dez anos de trabalhar nas minas, e da Lei das Dez Horas, de 1847, legislação pela qual os trabalhadores, em especial em Lancashire, vinham se mobilizando desde 1833. Outras reformas que também foram introduzidas contribuíram para a constituição da nova família da classe trabalhadora e para o papel das mulheres como trabalhadoras domésticas não remuneradas. Para os

---

[22] Sobre esse tema, ver, entre outros, Mariarosa Dalla Costa, *Family, Welfare and the State: Between Progressivism and the New Deal* (Nova York, Common Notions, 2015), e Nancy Folbre, "The Unproductive Housewife: Her Evolution in Nineteenth-Century Economic Thought", *Signs*, v. 16, n. 3, 1991, p. 463-84.

trabalhadores do sexo masculino, os salários foram substancialmente elevados, até 40% entre 1862 e 1875, subindo rapidamente depois dessa data, de modo que em 1900 estavam um terço acima dos índices de 1875[23]. E, em 1870, foi iniciado um sistema nacional de educação que se tornou compulsório em 1891. Logo depois, "cursos de ciência doméstica e aulas práticas sobre temas domésticos foram introduzidos nas escolas primárias públicas"[24].

Medidas de reforma sanitária, como "drenagem, fornecimento de água [e] limpeza das ruas" também tiveram início, refreando as epidemias recorrentes[25]. Um mercado consumidor para a classe trabalhadora começou a despontar, com o surgimento de lojas que forneciam produtos alimentícios, mas também roupas e calçados[26]. Por volta de 1860, estavam se formando associações para a "proteção da vida infantil", a fim de convencer o governo a intervir contra o *"baby-farming"**. Foram apresentadas medidas para punir as mulheres por negligência e para forçar as cuidadoras que elas contratavam enquanto estavam no trabalho a se registrar e se submeter a inspeções. Também houve tentativas de criar creches para as mães ainda empregadas. Assim, em 1850, foi estabelecida a primeira creche em Lancashire, com o patrocínio dos prefeitos de Manchester e Salford. Tais iniciativas, contudo, fracassaram, devido à resistência da mão de obra feminina, que as enxergava como uma forma de tirar

---

[23] Eric Hobsbawm, *Industry and Empire*, cit., p. 133. "Por volta do início dos anos 1870, o sindicalismo era oficialmente reconhecido e aceito" (p. 128).

[24] Ibidem, p. 79.

[25] Ibidem, p. 131.

[26] Ibidem, p. 136.

* Prática de aceitar a custódia de bebês e crianças em troca de um pagamento. Os cuidados eram realizados por mulheres que aceitavam várias crianças ao mesmo tempo. (N. T.)

o sustento de mulheres mais velhas que não eram mais capazes de realizar o trabalho fabril e que, para sobreviver, dependiam do que conseguiam ganhar cuidando das crianças de outras mulheres[27].

Por último, mas não menos importante, a criação da família da classe trabalhadora e de mão de obra mais saudável e mais produtiva exigiu a instituição de uma separação clara entre a dona de casa e a prostituta, já que os reformistas reconheciam que não seria fácil convencer as mulheres a permanecer em casa e trabalhar de graça se suas próprias amigas e irmãs pudessem ganhar mais dinheiro e trabalhar menos vendendo o corpo nas ruas.

Também nesse caso, a culpa pelo grande número de prostitutas na classe trabalhadora foi colocada não apenas nos baixos salários e na situação de aglomeração das moradias, mas no fato de que as meninas proletárias não aprendiam sobre o trabalho de cuidado da casa – o que, como defendeu um artigo do *Times* de 1857, teria ao menos facilitado sua exportação como domésticas para as colônias[28]. "Ensiná-las sobre a vida doméstica" era uma das propostas para lidar com os problemas acarretados pela prostituição. Ao mesmo tempo, foram introduzidas novas regulamentações para tornar o trabalho sexual mais controlado e degradante. As primeiras delas foram o registro das hospedarias onde a prostituição era praticada e consultas médicas compulsórias impostas pelas Contagious Diseases Acts [Leis de Doenças Contagiosas] de 1864, 1866 e 1869, além da retenção em hospitais, por um período de seis meses, das mulheres que fossem diagnosticadas com doenças[29].

---

[27] Margaret Hewitt, *Wives and Mothers in Victorian Industry*, cit., p. 166.

[28] William Acton, *Prostitution* (Nova York/Washington, Frederick A. Praeger, 1969) , p. 210-1.

[29] Ibidem, p. 232, nota 1.

Separar a esposa boa, dedicada e econômica da prostituta perdulária foi um requisito-chave para a constituição da família da forma que ela surgiu na virada do século, já que a divisão entre a mulher "boa" e a mulher "má", entre a esposa e a "vagabunda", foi uma condição para a aceitação do trabalho doméstico não remunerado. Como William Acton, médico e reformista social, formulou:

> Meu principal interesse consiste em considerar os efeitos produzidos sobre as mulheres casadas ao se acostumarem a presenciar suas irmãs cruéis e depravadas ostentando isso com alegria, ou "no que tem de melhor", na linguagem delas – aceitando todas as atenções dos homens, sendo fartamente servidas com álcool, sentando-se nos melhores lugares, vestindo-se bem acima de sua posição social, com muito dinheiro para gastar e não negando a si mesmas nenhuma diversão ou prazer, sem estarem sobrecarregadas pelos laços domésticos e sem se incomodarem com crianças. *Qualquer que tenha sido o propósito desse teatro, essa verdadeira superioridade de uma vida libertina não poderia ter escapado à atenção do sexo sagaz.*[30]

Pela separação entre donas de casa e moças das fábricas e, mais importante, entre donas de casa e prostitutas, uma nova divisão sexual do trabalho foi criada, distinguível pela separação dos lugares nos quais as mulheres trabalhavam e pelas relações sociais subjacentes a suas tarefas. O respeito se tornou uma compensação pelo trabalho não remunerado e pela dependência em relação aos homens. Esse foi o "acordo" que, de muitas maneiras, durou até os anos 1960/1970, quando uma nova geração de mulheres começou a recusá-lo. No entanto, a oposição ao novo regime se desenvolveu muito depressa, junto com os esforços dos reformistas. Como

---

[30] Ibidem, p. 54-5.

Margaret Hewitt relata, no norte da Inglaterra muitas mulheres saíam para trabalhar mesmo quando não precisavam disso, pois tinham criado "por ele um gosto contínuo"[31], e preferiam "a fábrica abarrotada à casa silenciosa porque tinham ódio do trabalho doméstico solitário"[32].

Quando a sobrevivência econômica da família passou a depender dos trabalhadores do sexo masculino, uma nova causa de conflito surgiu entre mulheres e homens em relação ao uso e ao gerenciamento do salário. Assim, o dia do pagamento era bastante tenso. As esposas aguardavam ansiosas a volta do marido, muitas vezes tentando interceptá-los antes que chegassem ao bar e bebessem todo o salário, outras vezes mandando os filhos buscá-los, tantas vezes com o embate físico encerrando a questão[33].

No processo dessa grande transformação, os interesses de trabalhadores e trabalhadoras divergiram ainda mais. Enquanto os sindicatos aclamavam o novo regime doméstico, que no momento da Primeira Guerra Mundial tinha se espalhado por todas as nações industriais, as mulheres começavam uma jornada que as tornou mais dependentes dos homens e cada vez mais isoladas umas das outras, forçadas a trabalhar no espaço fechado da casa, sem o próprio dinheiro e sem limite de horas para seu trabalho.

---

[31] Margaret Hewitt, *Wives and Mothers in Victorian Industry*, cit., p. 191.

[32] Idem.

[33] Wally Seccombe, *Weathering the Storm*, cit., p. 146-54.

Notas sobre Marx e ecologia

Na recém-publicada obra *The Robbery of Nature: Capitalism and the Ecological Rift* [O roubo da natureza: capitalismo e ruptura ecológica], John Bellamy Foster e Brett Clark abordaram o espinhoso problema da concepção de natureza para Marx por meio de uma severa crítica a pessoas que, em seus textos, o acusaram de sustentar uma perspectiva antropocêntrica, mostrando o processo social/econômico como parcialmente dependente da dominação do homem sobre o mundo natural[1].

Em uma cuidadosa análise de vários textos marxianos, bem como da bibliografia que Marx consultou a respeito de questões ecológicas, Bellamy Foster e Clark argumentam, ao contrário daquelas opiniões, que Marx tinha uma compreensão profunda do papel essencial da natureza na vida humana e no desenvolvimento capitalista; ele via a natureza como nosso "corpo inorgânico" e considerava a constituição do socialismo a oportunidade de reparar a "ruptura metabólica" que o capitalismo produz, destruindo

---

[1]   John Bellamy Foster e Brett Clark, *The Robbery of Nature: Capitalism and the Ecological Rift* (Nova York, Monthly Review Press, 2020).

a capacidade regenerativa da natureza e, com isso, as bases e as condições físicas de nossa existência[2].

De forma bastante acertada, Bellamy Foster e Clark demonstram que Marx reconheceu a centralidade da natureza para a reprodução da vida e para a acumulação capitalista. Ele, por exemplo, rejeitou (em polêmica com fisiocratas) a ideia de que a produção capitalista deveria ser considerada a única fonte de riqueza, insistindo que a natureza é indispensável para qualquer forma de produção. Em suas palavras, o substrato (da produção) é fornecido pela natureza. "A terra é o grande laboratório, o arsenal, que fornece tanto o meio de trabalho quanto o material de trabalho"[3], "Ao produzir, o homem [...] pode apenas alterar a forma das matérias. [...] Portanto, o trabalho não é a única fonte dos valores de uso que ele produz, a única fonte da riqueza material". Como diz William Petty: o trabalho é o pai, e a terra é a mãe da riqueza material[4].

Marx também antecipou e condenou muitos dos problemas que estão hoje no centro dos debates e do ativismo ecológicos, a começar pela insustentabilidade da agricultura capitalista, a insalubre separação entre cidade e campo, o rompimento da interdependência necessária entre processos biológicos e ecológicos, que garante nossa reprodução, e o subsequente esgotamento do solo[5]. Ele também

---

[2]   Ibidem, p. 8 e cap. 1, "The Expropriation of Nature", p. 35-63.

[3]   Karl Marx, *Grundrisse: Foundations of the Critique of Political Economy* (Londres, Pelican, 1973), p. 472 [ed. bras.: *Grundrisse – manuscritos econômicos de 1857-1858: esboços da crítica da economia política*, trad. Mario Duayer e Nélio Schneider, São Paulo, Boitempo, 2011, p. 389].

[4]   Karl Marx, *Capital*, v. I (Londres, Penguin, 1990), p. 133-4 [ed. bras.: *O capital. Crítica da economia política*, Livro I: *O processo de produção do capital*, trad. Rubens Enderle, São Paulo, Boitempo, 2011, p. 120-1].

[5]   Como ele escreveu: "O modo de produção capitalista consuma a ruptura do laço familiar original que unia a agricultura à manufatura e envolvia a forma infantilmente

reconheceu a existência de limites naturais ao desenvolvimento capitalista, que, em suas palavras, consistem (entre outros fatores, como "a simples influência das estações") no "esgotamento dos bosques, das jazidas de carvão, das minas de ferro etc."[6].

Na obra de Marx – Bellamy Foster e Clark demonstram –, encontramos até uma denúncia precoce dos maus-tratos que o capitalismo inflige aos animais, impressionantemente profética das práticas atrozes às quais, para favorecer a produção de carne, os animais são submetidos na atualidade. Rejeitando a visão de que ele aderira a uma doutrina *especista* e enfatizando a influência, em sua obra, do materialismo epicurista, que ensinou que o sofrimento humano e o sofrimento animal estão estreitamente relacionados[7], Bellamy Foster e Clark apontam a característica historicamente específica da visão de Marx sobre a relação humano-animal e a consciência dele sobre as formas pelas quais tal relação foi reformulada em sua época. Ele, por exemplo, teceu comentários sobre a tendência a adiantar o momento de abate dos animais e sobre a decisão de transformar corpos em pura carne, a fim de engordá-los além do que

---

rudimentar de ambas. Ao mesmo tempo, porém, ele cria os pressupostos materiais de uma nova síntese, superior, entre agricultura e indústria sobre a base de suas configurações antiteticamente desenvolvidas. Com a predominância sempre crescente da população urbana, amontoada em grandes centros pela produção capitalista, esta, por um lado, acumula a força motriz histórica da sociedade e, por outro lado, desvirtua o metabolismo entre o homem e a terra, isto é, o retorno ao solo daqueles elementos que lhe são constitutivos e foram consumidos pelo homem sob forma de alimentos e vestimentas, retorno que é a eterna condição natural da fertilidade permanente do solo. Com isso, ela destrói tanto a saúde física dos trabalhadores urbanos como a vida espiritual dos trabalhadores rurais". Ibidem, p. 637 [p. 572-3].

[6] Karl Marx, *Capital*, v. III (Londres, Penguin, 1981), p. 369 [ed. bras.: *O capital. Crítica da economia política*, Livro III: *O processo global da produção capitalista*, trad. Rubens Enderle, São Paulo, Boitempo, 2017, p. 299].

[7] John Bellamy Foster e Brett Clark, *The Robbery of Nature and the Ecological Rift*, cit., p. 151.

seus ossos conseguiam suportar[8] – um limite bastante ultrapassado nos dias de hoje por uma indústria da carne tão dessensibilizada em relação ao sofrimento animal que, do nascimento ao instante do abate, muitos animais nunca ficam de pé, chegando muitas vezes ao abatedouro com os ossos se quebrando sob o peso da gordura anormal, mas lucrativa[9].

Então, concluem, Marx percebeu a guerra capitalista contra a natureza, denunciou-a e indicou a formação de uma sociedade socialista como a alternativa necessária. Assim, sua obra oferece uma base sólida para uma perspectiva ecológica.

Como afirmado anteriormente, esse argumento é bastante oportuno e, de fato, grande parte da obra de Marx o confirma[10]. Existem, no entanto, alguns aspectos da crítica de Marx à economia política

---

[8] Karl Marx, *Capital*, v. II, p. 313 e 315 [ed. bras.: *O capital. Crítica da economia política*, Livro II: *O processo de circulação do capital*, trad. Rubens Enderle, São Paulo, Boitempo, 2014, p. 327 e 329]. Ao comentar os métodos pelos quais, tanto na criação de gado como na indústria, o período de trabalho necessário para produzir mercadorias acabadas estava sendo reduzido, Marx observa que "a necessidade de ter dinheiro em mãos sem que se possa esperar [...] responde a essa questão da seguinte forma: por exemplo, vende-se e abate-se o gado antes que ele tenha atingido a idade econômica normal, para grande prejuízo da agricultura [...]. Mediante uma cuidadosa seleção, Bakewell, um arrendatário de Dishley Grange, reduziu o esqueleto das ovelhas ao mínimo necessário".

[9] Sobre a crueldade infligida hoje aos animais para favorecer a produção de carne, ver Sunaura Taylor, *Beasts of Burden. Animal and Disability Liberation* (Nova York, New Press, 2017).

[10] Marx escreveu, de forma memorável, que "todo progresso da agricultura capitalista é um progresso na arte de saquear não só o trabalhador, mas também o solo, pois cada progresso alcançado no aumento da fertilidade do solo por certo período é ao mesmo tempo um progresso no esgotamento das fontes duradouras dessa fertilidade. Quanto mais um país, como os Estados Unidos da América do Norte, tem na grande indústria o ponto de partida de seu desenvolvimento, tanto mais rápido se mostra esse processo de destruição". Karl Marx, *Capital*, v. I, cit., p. 638 [ed. bras.: *O capital*, Livro I, cit., p. 573]. E, em uma nota de rodapé, acrescentou: "Ter analisado o aspecto negativo da agricultura moderna de um ponto de vista científico é um dos méritos imortais de Liebig". Ibidem, nota 49 [nota 325].

que se contrapõem ao que seria considerada hoje uma perspectiva ecológica sólida. Três pressupostos de Marx são inconsistentes com uma postura ecológica e particularmente problemáticos para serem avaliados de um ponto de vista histórico posterior a mais de 150 anos de devastação capitalista da terra.

Primeiro, há a insistência de Marx na importância do capitalismo como uma fase histórica necessária cuja "missão histórica" é o "desenvolvimento das forças produtivas", sendo esta, para ele, a precondição para iniciar um processo revolucionário e a formação de uma sociedade comunista[11]. Esse é, sem dúvida, um dos aspectos mais problemáticos da obra de Marx; porque é difícil compreender como alguém que pôde escrever "O segredo da acumulação primitiva" e descrever o horror do trabalho industrial poderia também falar sobre o desenvolvimento capitalista como via para um mundo melhor. Também é digno de nota que Marx nunca tenha levado em consideração "as perdas provavelmente irreversíveis inerentes a tal desenvolvimento"[12], como a de saberes acumulados ao longo de milênios. Voltarei a essa questão.

Aqui, desejo acrescentar que aquilo que Marx tinha em mente como "desenvolvimento das forças produtivas" também tem sido

---

[11] Karl Marx, *Capital*, v. III, cit., p. 368 [ed. bras.: *O capital*, Livro III, cit., p. 298]. Aqui Marx escreve que "o desenvolvimento das forças produtivas do trabalho social é a missão histórica e a justificação do capital. É precisamente com esse desenvolvimento que o capital cria inconscientemente as condições materiais para uma forma superior de produção". Marx retorna ao tema na p. 371 [p. 301]. Referindo-se ao modo de produção capitalista, ele diz que "sua missão histórica é o desenvolvimento implacável, em progressão geométrica, da produtividade do trabalho humano".

[12] Jean Robert, "Production", em Wolfgang Sachs (org.), *The Development Dictionary: A Guide to Knowledge as Power* (Londres, Zed, 1993), p. 184 [ed. bras.: "Produção", em Wolfgang Sachs (org.), *Dicionário do desenvolvimento: guia para o conhecimento como poder*, trad. Vera Lucia M. Joscelyne, Susana de Gyalokay, Jaime A. Clasen, Petrópolis, Vozes, 2000].

tema de debate. Um pressuposto comum é o de que ele se referia ao desenvolvimento dos meios de produção e, em especial, ao alcance de altos níveis de conhecimento científico e tecnológico. Como consequência, esse aspecto da teoria de Marx também suscitou algumas críticas, já que parece postular uma relação direta entre desenvolvimento tecnológico e desenvolvimento moral/político. Marxistas autonomistas (como Antonio Negri) sustentaram, entretanto, que por "forças produtivas" devemos compreender não a maquinaria, e sim as capacidades e os saberes de trabalhadores e trabalhadoras, conforme apresentados nos *Grundrisse* sob a categoria "intelecto geral"[13]. Em qualquer um dos casos, o certo é que ciência, tecnologia, industrialização e automação em larga escala exercem um papel-chave na concepção de Marx sobre a última fase do capitalismo. Prova disso são as famosas páginas dos *Grundrisse* em que ele descreve o futuro no qual a produção capitalista seria completamente automatizada e trabalhadores e trabalhadoras atuariam apenas na supervisão das máquinas. Nessa fase, nos é dito, o trabalho social necessário seria reduzido a um mínimo e, com o aumento do tempo livre, possibilitado pela economia do tempo de trabalho, trabalhadoras e trabalhadores estariam livres para desenvolver plenamente todas as suas forças criativas/produtivas[14].

Em outra passagem, critiquei essa visão e o entusiasmo provocado entre setores da esquerda, argumentando que, mesmo que se concretizasse, essa seria uma utopia masculina, já que grande

---

[13] Antonio Negri, *Marx beyond Marx: Lessons on the Grundrisse* (Nova York/Londres, Autonomedia/Pluto, 1991 [1979]) [ed. bras.: *Marx além de Marx – ciência da crise e da subversão*, trad. Bruno Cava, São Paulo, Autonomia Literária, 2016].

[14] Karl Marx, *Grundrisse*, cit., p. 711-2 [ed. bras.: *Grundrisse*, cit., p. 590-3].

parte do trabalho de reprodução – sobretudo do trabalho de cuidado – não pode ser mecanizada. Neste capítulo, meu enfoque é nas consequências ecológicas dessa visão. Um mundo no qual todo trabalho necessário fosse realizado por máquinas seria um mundo onde, com o tempo, a Terra se tornaria desértica, ainda que no comando da nova sociedade não estivessem capitalistas em busca de lucro, e sim "produtores associados" não capitalistas que "regulem racionalmente esse seu metabolismo com a natureza"[15]; pois um processo de industrialização abrangente, mundial, exigiria necessariamente o uso de recursos não renováveis e o envenenamento da Terra.

Como sabemos, o grande poder industrial que Marx tanto admirava era movido a carvão e já naquela época, na Inglaterra, algumas vozes estavam se erguendo e reivindicando "ar, água e terra puros". Na literatura, nomes do romantismo, como John Ruskin, manifestando-se sobre o perigo da poluição e a importância das árvores para a atmosfera, usaram palavras que hoje soam proféticas:

> Vocês podem contaminar o ar com seus hábitos de vida e de morte, até onde quiserem. Poderiam facilmente contaminá-lo, até trazer tamanha epidemia ao globo que acabaria com todos vocês [...] por toda parte, o tempo todo, vocês o contaminam com emissões químicas asquerosas; e os horríveis covis, que vocês chamam de cidades, são pouco mais que laboratórios para a destilação de fumaças e odores venenosos céu adentro [...].
>
> Em segundo lugar, o poder de vocês sobre a chuva e as águas dos rios da terra infinita. Vocês podem levar chuva para onde quiserem, plantando com sabedoria e cultivando com esmero [...] ou podem continuar

---

[15] Idem, *Capital*, v. III, cit., p. 959 [ed. bras.: *O capital*, Livro III, cit., p. 883].

fazendo como têm feito agora, transformar cada rio da Inglaterra em um esgoto público.[16]

Hoje, a profecia de Ruskin foi plenamente confirmada. Não só na Inglaterra, mas em todo o planeta, rios, lagos e mares foram transformados em esgotos em que produtos químicos, plásticos e milhões de toneladas de materiais tóxicos são despejados todos os dias. Em vez de criar as condições materiais para uma sociedade comunista, o capitalismo e a industrialização estão destruindo a Terra, colocando em dúvida até mesmo a continuidade da a vida no planeta. Todavia, marxistas adotaram por tanto tempo a crença no desenvolvimento industrial que, como Bellamy Foster e Clark observam, mesmo em meio a uma catástrofe climática algumas pessoas olham para o desenvolvimento como inevitável, talvez porque ele acelere o processo por meio do qual o capitalismo cava sua própria sepultura[17].

Devemos também reconsiderar a afirmação de Marx sobre os efeitos positivos da destruição de uma "pequena propriedade fundiária" e a concentração capitalista de terras, supostamente abrindo a porta para um sistema de produção agrícola mais avançado, racional[18]. O argumento dele, aí, é de que uma sociedade de camponeses e camponesas livres, independentes, vivendo dos produtos de seu trabalho, seria inevitavelmente uma sociedade

---

[16] Citado por Jonathan Bate, *Romantic Ecology – Wordsworth and The Environmental Tradition* (Nova York, Routledge, 1991), p. 59-61.

[17] Ver, sobre o tema, a crítica de Bellamy Foster e Clark ao "Novo socialismo prometeico", em John Bellamy Foster e Brett Clark, *The Robbery of Nature and the Ecological Rift*, cit., p. 274-82.

[18] Ver, em particular, Karl Marx, *Capital*, v. III, cit., "The Genesis of Capital Ground-Rent", p. 938 e seg. [ed. bras.: *O capital*, Livro III, cit., cap. 47, "Gênese da renda fundiária capitalista", p. 843-73].

atrasada, uma vez que a maioria da população precisaria estar envolvida na agricultura, devido à falta de investimento na terra e à baixa produtividade resultante do trabalho, sem sobrar tempo para outras atividades. Assim, ele insinua, a dissolução dessa sociedade não deveria ser lamentada, pois um mundo dominado por pequenos camponeses e camponesas, agricultores e agricultoras de subsistência, seria um mundo de indivíduos isolados, "bárbaros situados, em parte, à margem da sociedade, que combina toda a rusticidade das formações sociais primitivas com todos os tormentos e as misérias dos países civilizados"[19].

Como justificar uma postura de desprezo e desvalorização tão impressionantes da vida camponesa, que foi o principal modo de existência da maioria da população do planeta antes do advento do capitalismo? E como conciliá-la com a crítica de Marx ao capitalismo, com a tendência deste a amontoar trabalhadores e trabalhadoras em cidades, quebrando, assim, a troca metabólica entre seres humanos e natureza?

Em parte, essa postura pode ser atribuída ao ideal social e humano de Marx, que é o desenvolvimento dos "indivíduos histórico-mundiais", cujas capacidades e forças são aprimoradas ao longo de um processo de intercâmbio universal de acordo com o qual cada pessoa absorve/incorpora todas as realizações dos seres humanos planeta afora[20].

Devido a esse ideal, Marx, cuja formação intelectual e política foi profundamente moldada pela filosofia do Iluminismo, pôde

---

[19] Ibidem, p. 949 [p. 873].

[20] Karl Marx e Friedrich Engels, *The German Ideology* (Nova York, International Publishers, 1988), p. 56 [ed. bras.: *A ideologia alemã*, trad. Luciano Cavini Martorano, Nélio Schneider e Rubens Enderle, São Paulo, Boitempo, 2007, p. 38-9].

julgar como limitada uma vida dedicada ao cuidado do ambiente local e da produção local das lavouras. Mas a desvalorização da vida camponesa de pequena escala por parte dele também deve ser atribuída ao modo como subestimava o saber acumulado pelo campesinato – e por grupos caçadores e coletores ao longo do tempo – e idealizava a "ciência" como uma atividade intelectual, separada da vida no campo.

Na realidade, foi por meio de uma experimentação obstinada com a natureza que grupos caçadores e coletores domesticaram a maior parte das lavouras que nos alimentam. Tal experimentação possibilitou que as Primeiras Nações da América do Norte desenvolvessem, muito antes da colonização europeia, um sistema agrícola sofisticado, inventassem a hibridização e a seleção genética de sementes, aprendessem a proteger as lavouras das pragas sem o uso de pesticidas e, como consequência, produzissem centenas de variedades de milho, batata e outras culturas que, levadas para a Europa e a África, se tornaram a base alimentar dos dois continentes[21].

Além disso, a agricultura camponesa nunca foi uma iniciativa isolada; ao contrário, como o próprio Marx reconheceu, sempre foi acompanhada por atividades comunais, frequentemente dedicadas à produção de excedentes a ser armazenados para segurança nas emergências. Esse era o caso das comunidades camponesas da Europa medieval, que administravam coletivamente as terras que

---

[21] Sobre esse tema, ver Jack Weatherford, *Indian Givers – How the Indians of the Americas Transformed the World* (Nova York, Fawcett Columbine, 1988), principalmente cap. 4 e 5, "The Food Revolution" e "Indian Agricultural Technology". Weatherford diz que essa ciência popular possibilitou um milagre agrícola como Machu Picchu, que foi resultado de uma cuidadosa adaptação de sementes às condições ambientais locais altamente variáveis no que diz respeito à exposição solar, aos ventos e aos níveis de umidade e aridez da terra. Ibidem, p. 59-63.

recebiam dos proprietários – em troca de trabalho – por meio de assembleias camponesas em que decidiam quais terrenos deixar em pousio, com quais culturas fazer a rotação, quando realizar a colheita ou a vindima, e assim por diante. Mesmo quando cultivavam lotes de terra individuais, os agricultores e as agricultoras de subsistência da Europa pré-capitalista se beneficiavam comunitariamente de práticas e saberes do ofício que lhes permitiam adequar a produção a suas necessidades e garantir a regeneração do solo. Tão fortes eram os laços comunais que uniam as camponesas e os camponeses "atrasados", "bárbaros", da Europa pré-capitalista que eles foram capazes de declarar guerra a quem os explorava[22], organizando verdadeiras guerras camponesas, um feito que trabalhadoras e trabalhadores industriais ainda precisam realizar.

Os povos nativos da América do Norte também alcançaram, como sabemos, elevado grau de socialização, criando algumas das mais democráticas formas de vida comunal conhecidas antes do século XIX na Europa e nas Américas. Os sistemas sociais igualitários das populações aborígenes americanas eram tão inspiradores que viajantes que chegavam da Europa muitas vezes os descreveram como paraísos terrestres, e tais sistemas provavelmente influenciaram as noções de liberdade e democracia que se desenvolveram na Europa e nas colônias estadunidenses nos séculos XVIII e XIX[23].

Também podemos questionar se a agricultura de pequena escala seria uma receita para a "escassez", como Marx sugeriu. Uma

---

[22] Refiro-me aqui às grandes revoltas camponesas do século XV, como a Guerra dos Remensas, na Espanha, e a Guerra dos Camponeses da Alemanha.

[23] Ver William Brandon, *New Worlds for Old* (Athens, Ohio University Press, 1986). Com frequência se afirma que a organização social/política dos iroqueses inspirou a Constituição dos Estados Unidos.

história da agricultura de pequena escala nos diria, na verdade, que, quando as cidades estavam sofrendo com a fome, foi nas zonas rurais que se encontrou a comida; que, em épocas de crise alimentar, as pequenas hortas salvaram vidas. Em contrapartida, a destruição da pequena propriedade rural familiar, seja pelas mãos de proprietários rurais capitalistas, seja pela usurpação corporativa, é um dos desastres ecológicos e sociais de nossa época... Uma crise ecológica maior envolve a perda da confiança nos antigos métodos agrícolas, aperfeiçoados (como mencionado) por meio de um longo processo de adaptação a condições locais, e o surgimento de um campesinato dependente de técnicas e conhecimentos impostos por corporações agrícolas ou tão empobrecido pela expansão capitalista que a regeneração da terra não é mais uma de suas preocupações vitais[24].

Marx nunca previu tais desdobramentos nem cogitou quem seriam os sujeitos que provavelmente promoveriam a luta por uma agricultura diferente.

Já ecomarxistas da atualidade, como Paul Burkett, presumiram que a mão de obra assalariada seria a protagonista da luta por um sistema ecológico regenerador[25]. Ainda assim, em nome da garantia de emprego, até hoje muitos sindicatos, bem como trabalhadores e trabalhadoras, se opõem a qualquer forma de regulação ecológica

---

[24] Escrevendo sobre esse tema, Anil Agarwal e Sunita Narain dizem que a expropriação de terras comunais de habitantes das aldeias, que começou com a colonização britânica, levou a uma alienação tão profunda em relação à terra que, "hoje, mesmo povos tribais que viveram em harmonia com as florestas por séculos estão tão alienados que pouco se arrependem de derrubar uma árvore para vendê-la por ninharia". Anil Agarwal e Sunita Narain, "Towards Green Villages", em Wolfgang Sachs (org.), *Global Ecology – A New Arena of Political Conflict* (Nova York, Bloomsbury Academic, 1993).

[25] Paul Burkett, *Marx and Nature: A Red and Green Perspective* (Nova York, St. Martin's, 1999).

e apoiam formas destrutivas de tecnologia, como o fraturamento hidráulico, apesar do perigo que representam para as comunidades em que a extração de petróleo acontece.

São as mulheres, sobretudo na América Latina, que hoje lideram a luta por um ambiente ecológico seguro; são elas que estão à frente da reprodução de suas famílias e conhecem bem as consequências do envenenamento da terra e das águas para o futuro de suas comunidades. Em oposição ao papel hegemônico do agronegócio e das sementes estéreis da Monsanto, elas praticam a seleção de sementes e criam bancos de sementes, retomando métodos tradicionais, como o multicultivo, que aumenta o teor de nitrogênio da terra, e a plantação de ervas que servem para proteger as lavouras de pragas, sem o uso de pesticidas.

Marx não pode ser acusado de não antecipar a imensa destrutividade do desenvolvimento capitalista. Impressionado com as forças desencadeadas pelo processo de industrialização, nitidamente convencido de que elas poderiam ser recanalizadas na direção de objetivos apropriados e confiante, devemos supor, de que o capitalismo logo entraria em uma crise terminal, ele oscila constantemente entre polos opostos, enfatizando ora a destrutividade, ora as possibilidades sem precedentes que acreditava que o desenvolvimento capitalista criaria para o futuro da humanidade.

Essa ambiguidade, entretanto, não pode ser a posição adotada por nós nem se justifica historicamente. A história do "desenvolvimento das forças produtivas" é a história da colonização, de ondas recorrentes de fome, do desaparecimento de milhares de espécies e de uma alienação crescente em relação ao mundo natural que está nos deixando insensíveis à catástrofe ecológica diante de nós e às práticas cruéis que marcam a produção de nossa vida cotidiana. Em um mundo em que o alcance global do desenvolvimento capitalista assume a forma de extrativismo, perfuração de poços de petróleo, desmatamento, tudo isso produzindo deslocamentos populacionais em massa e uma crise climática que coloca em risco a vida no planeta, o que para Marx podia parecer uma possível via para a libertação talvez seja, para nós, um pesadelo histórico.

Bibliografia

ACTON, William. *Prostitution*. Nova York/Washington, Frederick A. Praeger, 1969.

AGARWAL, Anil; NARAIN, Sunita. Towards Green Villages. In: SACHS, Wolfgang (org.). *Global Ecology* – A New Arena of Political Conflict. Nova York, Bloomsbury Academic, 1993.

ANDERSON, Kevin B. Marx's Late Writings on Non-Western and Precapitalist Societies and Gender. *Rethinking Marxism*, v. 14, n. 4, 2002, p. 84-96.

BAKER, Russell. Love and Potatoes. *The New York Times*, 25 nov. 1974.

BATE, Jonathan. *Romantic Ecology* – Wordsworth and The Environmental Tradition. Nova York, Routledge, 1991.

BEBEL, August. *Woman under Socialism*. Nova York, Schocken, 1971.

BEECHER, Jonathan; BIENVENU, Richard (trads. e orgs.). *The Utopian Vision of Charles Fourier*. Selected Texts on Work, Love, and Passionate Attraction. Boston, Beacon, 1971.

BELLAMY FOSTER, John Bellamy. Marx and the Environment. *Monthly Review*, jul.-ago. 1995, p. 108-23.

_____. Marx and the Rift in the Universal Metabolism of Nature. *Monthly Review*, v. 65, n. 7, 2013, p. 1-19.

_____. Women, Nature and Capital in the Industrial Revolution. *Monthly Review*, v. 69, n. 8, 2018, p. 1-25.

BELLAMY FOSTER, John; CLARK, Brett. *The Robbery of Nature*: Capitalism and the Ecological Rift. Nova York, Monthly Review Press, 2020.

BOCK, Gisela; DUDEN, Barbara. Love as Labor. On the Genesis of Housework in Capitalism. In: ALTBACH, Edith Hoshino (org.). *From Feminism to Liberation*. Cambridge, MA, Schenkman, 1980, p. 153-92.

BONEFELD, Werner et al. Introduction: Emancipating Marx. In: BONEFELD, Werner et al. (orgs.) *Emancipating Marx*: Open Marxism 3. Londres, Pluto, 1995.

BOUTANG, Yann Moulier. *De l'esclavage au salariat*. Économie historique du salariat bride. Paris, PUF, 1998.

BRANDON, William. *New Worlds for Old*. Athens, Ohio University Press, 1986.

BROWN, Heather A. *Marx on Gender and the Family*: A Critical Study. Boston, Brill, 2012.

BURKETT, Paul. *Marx and Nature*: A Red and Green Perspective. Nova York, St. Martin's, 1999.

CAFFENTZIS, George. From the Grundrisse to Capital and beyond: Then and Now. *Workplace: A Journal for Academic Labor*, n. 15, set. 2008, p. 59-74. Disponível em: ‹https://ices.library.ubc.ca/index.php/workplace/article/view/182216›; acesso em: 8 out. 2020.

_____. A Critique of "Cognitive Capitalism". In: *Letters of Blood and Fire*: Work, Machines, and the Crisis of Capitalism. Oakland, PM and Common Notions, 2013, p. 95-123.

CHEVALIER, Louis. *Classes laborieuses et classes dangereuses à Paris au XIX siècle*. Paris, Plon, 1958.

CLEAVER, Harry. *Reading Capital Politically*. Austin, University of Texas Press, 1979.

_____. Introduction. In: NEGRI, Antonio. *Marx beyond Marx*: Lessons on the Grundrisse. Nova York/Londres, Autonomedia/Pluto, 1991 [1979] [ed. bras.: *Marx além de Marx* – ciência da crise e da subversão. Trad. Bruno Cava, São Paulo, Autonomia Literária, 2016].

_____. *33 Lessons on Capital* – Reading Marx Politically. Londres, Pluto, 2019.

COCKBURN, Cynthia. The Standpoint Theory. In: MOJAB, Shahrzad (org.). *Marxism and Feminism*. Londres, Zed, 2015, p. 331-46.

CONNER, Clifford D. *A People's History of Science*: Miners, Midwives, and "Low Mechanics". Nova York, Nation, 2005.

CUSTER, Peter. *Capital Accumulation and Women's Labor in Asian Economies*. Nova York, Monthly Review Press, 2012 [1995].

DALLA COSTA, Mariarosa. Community, Factory and School from the Woman's Viewpoint. *L'Offensiva*: Quaderni di lotta femminista, n. 1, Turim, Musolini, 1972.

_____. Women and the Subversion of the Community. In: DALLA COSTA, Mariarosa; JAMES, Selma (orgs.). *The Power of Women and the Subversion of the Community*. 3. ed. Bristol, Falling Wall, 1975, p. 21-56.

_____. Capitalism and Reproduction. In: BONEFELD, Werner et al. (orgs.) *Emancipating Marx*: Open Marxism 3. Londres, Pluto, 1995.

_____. *Family, Welfare and the State*: Between Progressivism and the New Deal. Nova York, Common Notions, 2015.

_____. Reproduction and Emigration (1974). In: BARBAGALLO, Camille. *Women and the Subversion of the Community*: A Mariarosa Dalla Costa Reader. Oakland, PM, 2019, p. 70-108.

DE ANGELIS, Massimo. *The Beginning of History*: Value Struggles and Global Capital. Londres, Pluto, 2007.

DRAPER, Hal. *The Adventures of the Communist Manifesto*. Berkeley, Center for Socialist History, 1998.

DU BOIS, W.E.B. Marxism and the Negro Problem. *The Crisis*, maio 1933.

ECKERSELEY, Robyn. Socialism and Ecocentrism: Towards a New Synthesis. In: BENTON, Ted (org.). *The Greening of Marxism*. Nova York, The Guildford, 1996, p. 272-97.

ENGELS, Friedrich. *The Housing Question*. Moscou, Progress, 1979 [ed. bras.: *Sobre a questão da moradia*. Trad. Nélio Schneider, São Paulo, Boitempo, 2015].

FANON, Frantz. *The Wretched of the Earth*. Nova York, Grove, 1986 [ed. bras.: *Os condenados da terra*. Trad. Enilce Albergaria Rocha e Lucy Magalhães, Juiz de Fora, Editora UFJF, 2006].

FAURÉ, Christine. *Political and Historical Encyclopedia of Women*. Nova York, Routledge, 2003.

FEDERICI, Silvia. *Wages against Housework*. Bristol, Power of Women Collective/Falling Wall, 1975 [ed. bras.: Salários contra o trabalho doméstico (1975). In: *O ponto zero da revolução*: trabalho doméstico, reprodução e luta feminista. Trad. Coletivo Sycorax, São Paulo, Elefante, 2019, p. 40-54].

_____. *Caliban and the Witch*: Women, the Body and Primitive Accumulation. Nova York, Autonomedia, 2004 [ed. bras.: *Calibã e a bruxa*: mulheres, corpo e acumulação primitiva. Trad. Coletivo Sycorax, São Paulo, Elefante, 2017].

_____. Witch-Hunting, Globalization, and Feminist Solidarity in Africa Today. *Journal of International Women's Studies*, v. 10, n. 1, out. 2008, p. 21-35 [ed. bras.: Caça às bruxas, globalização e solidariedade feminista na África dos dias atuais. In: *Mulheres e caça às bruxas*. Trad. Heci Regina Candiani, São Paulo, Boitempo, 2019, p. 107-38].

_____. Women, Land Struggles and the Reconstruction of the Commons. *Working USA*, v. 14, n. 1, mar. 2011, p. 41-56.

_____. *Revolution at Point Zero*. Housework, Reproduction and Feminist Struggle. Oakland, PM, 2012 [ed. bras.: *O ponto zero da revolução*: trabalho doméstico, reprodução e luta feminista. Trad. Coletivo Sycorax, São Paulo, Elefante, 2019].

_____. Capital and Gender. In: SCHMIDT, Ingo; FANELLI, Carlo (orgs.). *Reading Capital Today*. Londres, Pluto, 2017, p. 79-96.

_____. *El patriarcado del salario*. Critica feminista al marxismo. Madri, Traficantes de Sueños, 2018a.

_____. *Reincantare il mondo*. Femminismo e politica dei "commons". Milão, Ombre Corte, 2018b.

_____. *Beyond the Periphery of the Skin*. Rethinking, Remaking, Reclaiming the Body in Contemporary Capitalism. Oakland, PM, 2019.

_____. *Feminism and The Struggle over Sexual Labor*: Origin and History in 19th and 20th Century Europe and the US. Manuscrito não publicado.

FEDERICI, Silvia; AUSTIN, Arlen (orgs.). *The New York Wages For Housework Committee*: History, Theory, Documents. 1972-1977. Nova York, Autonomedia, 2019.

FEDERICI, Silvia; COX, Nicole. *Counterplanning from the Kitchen*. Bristol, Falling Wall, 1975.

FERRARI BRAVO, Luciano. Vecchie e nuove questioni nella teoria dell'imperialismo. In: _____. (org.) *Imperialismo e classe operaia multinazionale*. Milão, Feltrinelli, 1975, p. 7-67.

FOLBRE, Nancy. The Unproductive Housewife: Her Evolution in Nineteenth-Century Economic Thought. *Signs*, v. 16, n. 3, 1991, p. 463-84.

_____. Nursebots to the Rescue? Immigration, Automation, and Care. *Globalizations*, n. 3, set. 2006, p. 349-60.

_____. Socialism, Feminist and Scientific. In: FERBER, Marianne A.; NELSON, Julie A. (orgs.) *Beyond Economic Man*: Feminist Theory and Economics. Chicago, University of Chicago Press, 2009, p. 94-110.

FORTUNATI, Leopoldina. *The Arcane of Reproduction*: Housework, Prostitution, Labor and Capital. Nova York, Autonomedia, 1995 [1981].

FORTUNE, dez. 1974, p. 24.

FOSTER, John. *Class Struggle and the Industrial Revolution*. Early Industrial Capitalism in Three English Towns. Londres, Methuen & Co., 1974.

FRISKEN, Amanda. *Victoria Woodhull's Sexual Revolution*: Political Theater and Popular Press in Nineteenth-Century America. Filadélfia, University of Pennsylvania Press, 2004.

GIMÉNEZ, Martha. Capitalism and the Oppression of Women: Marx Revisited. *Science and Society*, v. 69, n. 1, 2005, p. 11-32.

_____. *Marx, Women and Capitalist Social Reproduction*. Boston, Brill, 2018.

GORZ, André. *A Farewell to the Working Class*. Londres, Pluto, 1982 [ed. bras.: *Adeus ao proletariado* – para além do socialismo. Trad. Angela Ramalho Vianna e Sergio Goes de Paula, Rio de Janeiro, Forense Universitária, 1982].

_____. *Paths to Paradise*: On the Liberation from Work. Londres, Pluto, 1985.

GRAEBER, David. *Fragments of an Anarchist Anthropology*. Chicago, Prickly Paradigm, 1993.

GRAMSCI, Antonio. Americanism and Fordism. In: *Selections from the Prison Notebooks*. Londres, Lawrence & Wishart, 1971.

GRANTER, Edward. *Critical Social Theory and the End of Work*. Burlington, Ashgate, 2009.

GUNDER FRANK, Andre. *Capitalism and Underdevelopment in Latin America*. Nova York, Monthly Review Press, 1969 [1967].

GUTIÉRREZ AGUILAR, Raquel. *Los ritmos del Pachakuti*. Levantamiento y movilización en Bolivia (2000-2005). Cidade do México, Sisifo, 2009.

HARDT, Michael; NEGRI, Antonio. *Empire*. Cambridge, MA, Harvard University Press, 2000 [ed. bras.: *Império*. Trad. Berilo Bargas, Rio de Janeiro, Record, 2000].

_____. *Multitude*: War and Democracy in the Age of Empire. Minneapolis, University of Minnesota Press, 2004 [ed. bras.: *Multidão*: guerra e democracia na era do império. Trad. Clóvis Marques, Rio de Janeiro, Record, 2005].

_____. *Commonwealth*. Cambridge, MA, Harvard University Press, 2009 [ed. bras.: *Bem--estar comum*. Trad. Clóvis Marques, Rio de Janeiro, Record, 2016].

HARTMANN, Heidi. The Unhappy Marriage of Marxism and Feminism: Towards a more Progressive Union. *Capital and Class*, n. 3, 1979, p. 1-33.

HARTSOCK, Nancy. Feminist Theory and Revolutionary Strategy. In: EISENSTEIN, Zillah R. (org.) *Capitalist Patriarchy*. Nova York, Monthly Review Press, 1979, p. 56-77.

_____. The Feminist Standpoint: Developing the Ground for a Specifically Feminist Historical Materialism. In: HARDING, Sandra; HINTIKKA, Merrill B. (orgs.) *Discovering Reality*: Feminist Perspectives on Epistemology, Metaphysics, Methodology, and Philosophy of Science. Dordrecht, D. Reidel, 1983, p. 283-310.

HAUG, Frigga. Marx within Feminism. In: MOJAB, Shahrzad (org.). *Marxism and Feminism*. Londres, Zed, 2015.

HAYDEN, Dolores. *The Grand Domestic Revolution*: A History of Feminist Designs for American Homes, Neighbourhoods and Cities. Cambridge, MA, The MIT Press, 1985.

HENNINGER, Max. Poverty, Labor, Development: Towards a Critique of Marx's Conceptualizations. In: LINDEN, Marcel van der; ROTH, Karl Heinz (orgs.). *Beyond Marx*: Theorising the Global Labour Relations of the Twenty-First Century. Boston, Brill, 2014, p. 281-304.

HEWITT, Margaret. *Wives and Mothers in Victorian Industry*. A Study of the Effects of the Employment of Married Women in Victorian Industry. Londres, Rockliff, 1958.

HIMES, Norman Edwin. *Medical History of Contraception*. Nova York, Schocken, 1970 [1936].

HOBSBAWM, Eric. J. *Industry and Empire*: The Making of Modern English Society. Nova York, Random House, 1968, v. 2. 1750 to the Present Day.

HOLCOMBE, Lee. *Wives and Property*. Reform of the Married Women's Property Law in Nineteenth Century England. Toronto/Buffalo, University of Toronto Press, 1983.

HOLLOWAY, John. From Scream of Refusal to Scream of Power: The Centrality of Work. In: BONEFELD, Werner et al. (orgs.) *Emancipating Marx*: Open Marxism 3. Londres, Pluto, 1995, p. 155-81.

_____. *Change the World without Taking Power*: The Meaning of Revolution Today. Londres, Pluto, 2002 [ed. bras.: *Mudar o mundo sem tomar o poder*. Trad. Emir Sader, São Paulo, Boitempo, 2003].

_____. *Crack Capitalism*. Londres, Pluto, 2010 [ed. bras.: *Fissurar o capitalismo*. Trad. Daniel Cunha, São Paulo, Publisher Brasil, 2013].

HOLMSTROM, Nancy. A Marxist Theory of Women's Nature. In: _____. (org.) *The Socialist Feminist Project*. A Contemporary Reader in Theory and Politics. Nova York, Monthly Review Press, 2002, p. 360-76.

INMAN, Mary. *In Woman's Defense*. Los Angeles, Committee to Organize the Advancement of Women, 1945 [1940].

JACKSON, Stevi. Why a Materialist Feminism is (Still) Possible. *Women's Studies International Forum*, v. 24, n. 3-4, 2001, p. 283-93.

JAMES, Selma. *Sex, Race and Class*. Bristol, Falling Wall/Race Today, 1975.

_____. (org.) *Sex, Race, and Class*: The Perspective of Winning – A Selection of Writings, 1952-2011. Oakland, PM, 2012.

KINGSNORTH, Paul. *One No, Many Yeses*: A Journey to the Heart of the Global Resistance Movement. Londres, The Free, 2003.

KLEIN, Naomi. *This Changes Everything*: Capitalism vs. Climate. Nova York, Simon and Schuster, 2014.

KOPP, Anatole. *Cittá e rivoluzione*. Milão, Feltrinelli, 1972 [1967].

KOVEL, Joel. *The Enemy of Nature*: The End of Capitalism or the End of the World? 2. ed. Londres, Zed, 2007.

_____. On Marx and Ecology. *Capitalism, Nature, Socialism*, v. 22, n. 1, set. 2011, p. 4-17.

LEVINE FRADER, Laura. Women in the Industrial Capitalist Economy. In: BRIDENTHAL, Renate; KOONZ, Claudia; STUARD, Susan (orgs.). *Becoming Visible, Women in European History*. 2. ed. Boston, Houghton Mifflin Co., 1987, p. 309-31.

LINDEN, Marcel van der; ROTH, Karl Heinz (orgs.). *Beyond Marx*: Theorising the Global Labour Relations of the Twenty-First Century. Boston, Brill, 2014.

LOPATE, Carol. Women & Pay for Housework. *Liberation*, v. 18, n. 8, maio-jun. 1974.

LORDE, Audre. The Master's Tools Will Never Dismantle the Master's House. In: MORAGA, Cherríe; ANZALDÚA, Gloria (orgs.). *This Bridge Called my Back*: Writings by Radical Women of Color. Nova York, Kitchen Table, 1983, p. 98-101.

LOWN, Judy. *Women and Industrialization*. Gender at Work in 19th Century England. Minneapolis, University of Minnesota Press, 1990.

MANUEL, Frank E. (org.) *Design for Utopia*. Selected Writings of Charles Fourier. Nova York, Shocken, 1971.

MARSHALL, Alfred. *Principles of Economics* – An Introductory Volume. Londres, Macmillan, 1938 [1890] [ed. bras.: *Princípios de economia* – tratado introdutório. Trad. Rômulo Almeida e Ottolmy Strauch, São Paulo, Nova Cultural, 1996].

MARX, Karl. *Economic and Philosophical Manuscripts of 1844*. Moscou, Foreign Languages, 1961 [1844] [ed. bras.: *Manuscritos econômico-filosóficos*. Trad. Jesus Ranieri, São Paulo, Boitempo, 2004].

_____. *The 18th of Brumaire of Louis Bonaparte*. Nova York, International Publishers, 1963 [1852] [ed. bras.: *O 18 de brumário de Luís Bonaparte*. Trad. Nélio Schneider, São Paulo, Boitempo, 2011].

_____. *Pre-Capitalist Economic Formations*. Nova York, International Publishers, 1964.

_____. *Theories of Surplus Value*, Part 1. Moscou, Progress, 1969.

_____. *A Contribution to the Critique of Political Economy*. Nova York, International Publishers, 1970 [1859] [ed. bras.: *Contribuição à crítica da economia política*. Trad. Maria Helena Barreiro Alves. São Paulo, WMF Martins Fontes, 2011].

_____. *Grundrisse*: Foundations of the Critique of Political Economy. Londres, Pelican, 1973 [1857-1858] [ed. bras.: *Grundrisse* – manuscritos econômicos de 1857-1858: esboços da crítica da economia política. Trad. Mario Duayer e Nélio Schneider, São Paulo, Boitempo, 2011].

_____. *Capital*, v. III. Londres, Penguin, 1981 [1894] [ed. bras.: *O capital*. Crítica da economia política, Livro III: *O processo global da produção capitalista*. Trad. Rubens Enderle, São Paulo, Boitempo, 2017].

_____. Address of the International Working Men Association to Abraham Lincoln, President of the United States. Presented to U. S. Ambassador Charles Francis Adams, 28 jan. 1985 [1864]. *Marx & Engels Internet Archive*. Disponível em: ‹https://www.marxists.org/archive/marx/iwma/documents/1864/lincoln-letter.htm›; acesso em: dez. 2020.

_____. *Capital*, v. I, Londres, Penguin, 1990 [1867] [ed. bras.: *O capital*. Crítica da economia política, Livro I: *O processo de produção do capital*. Trad. Rubens Enderle, São Paulo, Boitempo, 2011].

_____. *Capital:* A Critique of Political Economy. 3 v. Trad. Ben Fowkes. Londres, Penguin, 1990.

MARX, Karl; ENGELS, Friedrich. *The First Indian War of Independence*. 1857-1859. Moscou, Progress, 1959.

_____. *The Communist Manifesto*. Harmondsworth, Penguin, 1967 [1848] [ed. bras.: *Manifesto Comunista*. Trad. Álvaro Pina e Ivana Jinkings, São Paulo, Boitempo, 1998].

_____. *The German Ideology*. Londres, International Publishers, 1970 [1845-1846] [ed. bras.: *A ideologia alemã*. Trad. Luciano Cavini Martorano, Nélio Schneider e Rubens Enderle, São Paulo, Boitempo, 2007].

_____. *The Communist Manifesto*. 2. ed., Frederick Bender (org.). Nova York/Londres, Norton, 2013.

MARX-AVELING, Eleanor; AVELING, Edward. *The Woman Question*. Leipzig, Verlag fur die Frau, 1986.

MEILLASSOUX, Claude. *Maidens, Meal and Money*. Capitalism and the Domestic Community. Cambridge, Cambridge University Press, 1975.

MEYER, Ahlrich. A Theory of Defeat. Marx and the Evidence of the Nineteenth Century. In: LINDEN, Marcel van der; ROTH, Karl Heinz (orgs.). *Beyond Marx:* Theorising the Global Labour Relations of the Twenty-First Century. Boston, Brill, 2014, p. 258-79.

MIES, Maria. *Patriarchy and Accumulation on a World Scale*: Women in the International Division of Labor. Londres, Zed, 1986.

MIES, Maria; SHIVA, Vandana. *Ecofeminism*. Londres, Zed, 1993 [ed. bras.: *Ecofeminismo*. Trad. Fernando Dias Antunes, São Paulo, Instituto Piaget, 1997].

MOJAB, Shahrzad (org.). *Marxism and Feminism*. Londres, Zed, 2015.

MUSTO, Marcello. *The Last Years of Karl Marx*. An Intellectual Biography. Palo Alto, Stanford University Press, 2016 [ed. bras.: *O velho Marx*. Uma biografia de seus últimos anos (1881-1883). Trad. Rubens Enderle, São Paulo, Boitempo, 2018].

NEGRI, Antonio. *Marx beyond Marx*: Lessons on the Grundrisse. Nova York/Londres, Autonomedia/Pluto, 1991 [1979] [ed. bras.: *Marx além de Marx* – ciência da crise e da subversão. Trad. Bruno Cava, São Paulo, Autonomia Literária, 2016].

OILLMAN, Bertell. *Dialectical Investigations*. Nova York, Routledge, 1993.

PELZ, William A. *Capital* and the First International. In: SCHMIDT, Ingo; FANELLI, Carlo (orgs.). *Reading Capital Today*. Londres, Pluto, 2017.

PINCHBECK, Ivy. *Women Workers and the Industrial Revolution*: 1750-1850. Nova York, F. S. Crofts & Co., 1930.

PRICE, Wayne. A Fundamental Thesis of Revolution and the State. Can the State be Used to Create Socialism? *Anarkismo.net*, 14 nov. 2020. Disponível em: ‹http://www.anarkismo.net/article/32086›; acesso em: 2 dez. 2020.

ROBERT, Jean. Production. In: SACHS, Wolfgang (org.). *The Development Dictionary*. A Guide to Knowledge as Power. Londres, Zed, 1993 [ed. bras.: Produção. In: SACHS, Wolfgang (org.). *Dicionário do desenvolvimento*: guia para o conhecimento como poder. Trad. Vera Lucia M. Joscelyne, Susana de Gyalokay, Jaime A. Clasen, Petrópolis, Vozes, 2000].

ROBINSON, Cedric J. *Black Marxism*. The Making of the Black Radical Tradition. Chapel Hill, North Carolina University Press, 1983.

_____. *On Racial Capitalism, Black Internationalism and Cultures of Resistance*. Londres, Pluto, 2019.

ROSDOLSKY, Roman. *The Making of Marx's Capital*. Londres, Pluto, 1977.

ROSEMONT, Franklin. Karl Marx and the Iroquois, 2 jul. 2009. Disponível em: ‹http://libcom.org/library/karl-marx-iroquois-franklin-rosemont›; acesso em: 8 out. 2020.

ROWBOTHAM, Sheila. *Woman's Consciousness, Man's World*. Baltimore, Penguin, 1973.

_____. *Women, Resistance, and Revolution*. Nova York, Vintage, 1974.

SALLEH, Ariel. *Ecofeminism as Politics*: Nature, Marx and the Postmodern. Londres, Zed, 1997.

SARKAR, Saral. *Eco-Socialism or Eco-Capitalism?* A Critical Analysis of Humanity's Fundamental Choices. Londres, Zed, 1999.

SECCOMBE, Wally. The Housewife and her Labour under Capitalism. *New Left Review*, n. 83, jan.-fev. 1974.

_____. Patriarchy Stabilized: The Construction of the Male Breadwinner Wage Norm in Nineenteenth Century Britain. *Social History*, n. 11, 1986, p. 53-76.

_____. *Weathering the Storm*. Working-Class Families from the Industrial Revolution to the Fertility Decline. Londres, Verso, 1993.

SHANIN, Teodor. *Late Marx and the Russian Road*: Marx and the "Peripheries" of Capitalism. Nova York, Monthly Review Press, 1983.

SRAFFA, Piero. *Production of Commodities by Means of Commodities*. Cambridge, Cambridge University Press, 1960.

TAYLOR, Barbara. The Men Are as Bad as their Masters…: Socialism, Feminism, and Sexual Antagonism in the London Tailoring Trade in the Early 1830s. *Feminist Studies*, v. 5, n. 1, 1979, p. 10-2.

TAYLOR, Sunaura. *Beasts of Burden*. Animal and Disability Liberation. Nova York, The New Press, 2017.

THE ECOLOGIST. *Whose Common Future?* Reclaiming the Commons. Filadélfia, Earthscan, 1993.

THOMPSON, E. P. *Customs in Common*. Studies in Traditional Popular Culture. Nova York, The New Press, 1991 [ed. bras.: *Costumes em comum*: estudos sobre a cultura popular tradicional. Trad. Rosaura Eichemberg, São Paulo, Companhia das Letras, 1998].

THURTON, Roderick. Marxism in the Caribbean. In: *Two Lectures by Roderick Thurton*. A Second Memorial Pamphlet. Nova York, George Caffentzis e Silvia Federici, 2000.

TOMASELLO, Federico. *L'inizio del lavoro*. Teoria politica e questione sociale nella Francia di prima metà Ottocento. Roma, Carrocci, 2018.

ULLRICH, Otto. Technology. In: SACHS, Wolfgang (org.). *The Development Dictionary*. A Guide to Knowledge as Power. Londres, Zed, 1993 [ed. bras.: Tecnologia. In: SACHS, Wolfgang (org.). *Dicionário do desenvolvimento*: guia para o conhecimento como poder. Trad. Vera Lucia M. Joscelyne, Susana de Gyalokay, Jaime A. Clasen, Petrópolis, Vozes, 2000].

UNITED NATIONS POPULATION FUND. *State of the World Population 2001*. Nova York, Organização das Nações Unidas, 2001.

VERCELLONE, Carlo. From Formal Subsumption to General Intellect: Elements for a Marxist Reading of the Thesis of Cognitive Capitalism. *Historical Materialism*, v. 15, 2007, p. 13-36.

VOGEL, Lisa. The Earthly Family. *Radical America*, v. 7, n. 4-5, jul.-out. 1973.

WALLACH SCOTT, Joan. *Gender and the Politics of History*. Nova York, Columbia University Press, 1988.

WEATHERFORD, Jack. *Indian Givers* – How the Indians of the Americas Transformed the World. Nova York, Fawcett Columbine, 1988.

WEIGAND, Kate. *Red Feminism*. American Communism and the Making of Women's Liberation. Baltimore, The Johns Hopkins University Press, 2001.

WORLDWATCH INSTITUTE. State of the World 2011: Innovations that Nourish the Planet, 16 jun. 2011. Disponível em: ‹http://blogs.worldwatch.org/nourishingtheplanet/wp-content/uploads/2011/06/Urban-agriculture-chapter-10-press-release-june-2011-nourishing-the-planet.pdf›.

WORKERS FIGHT, n. 79, dez. 1974/jan. 1975.

ZARETSKY, Eli. Socialist Politics and the Family. *Socialist Revolution*, v. 3, n. 19, jan.-mar. 1974, p. 83-99.

Índice remissivo

A

aborígenes, 183

aborto, 132, 133n12, 163

Acton, William, 168-9

acumulação primitiva, 83, 92, 110, 177

África, 111, 116, 139, 182

agricultura, 84, 109, 111, 114, 116, 174-6, 181-4

agronegócio, 111, 185

Aimarás, 119

alienação, 53, 76, 149, 184-5

aluguel, 42

América do Norte, 72, 161, 182-3

América Latina, 111, 185

América, 20, 92, 115

amor, 35-7, 41, 82, 113
livre, 115

Andes, 116

Ásia, 111

assistência social, 42, 45

Associação Internacional dos Trabalhadores (AIT), 144

autonomia feminista, 49-50

auxílio social do Estado, 29, 38

B

Baker, Russell, 36

Bakunin, 148

Banco Mundial, 110

Bebel, August, 84, 105

berçários, 30

Bolívia, 116, 119

Burkett, Paul, 184

C

caça às bruxas, 116, 133n11

Califórnia, 18

canal da Mancha, 65

capitalismo cognitivo, 128

casamento, 30, 82, 89, 104, 132, 142-4, 145

cercamentos, 110, 118-9

Cheshire, 163

Children's Employment Commission [Comissão de Emprego Infantil], 160

China, 54

Clark, Brett 173-5, 180

classes perigosas, 138, 140

Cleaver, Harry, 64, 74-5

Colômbia, 119

Comuna de Paris, 20, 90

comunismo, 16, 18, 58, 78, 83, 89-96, 103, 106, 112, 119-20, 130, 140, 146, 148, 150-1, 177, 180

comuns, 89-123
definição, 90n*

consciência de classe, 51

contracepção, 132, 150

controle de natalidade, 132n8, 150-1

cooperação, 77, 95, 102, 105, 116-8, 120-1, 123

creche, 30

creches comunitárias, 73, 167

crise
alimentar, 184
do capitalismo, 36, 40, 51, 72, 92, 114, 161, 185
do trabalho assalariado, 151
ecológica, 184, 186
política, 122, 158
reprodutiva, 148

D

Dalla Costa, Mariarosa, 23-4, 29-30, 33, 64, 81, 97, 134, 166

Departamento do Tesouro, 44

desigualdades,
de gênero, 61, 79
no interior do proletariado, 141
raciais, 93

desmatamento, 186

disciplina, 33-5
familiar, 54-5

disciplinada,
mão de obra, 29, 32, 54, 79-80, 103, 166

discriminação, 17, 97

divisão capitalista do trabalho, 24, 31, 37, 44, 68, 95

divisão sexual do trabalho, 34, 68, 83, 96, 169

E

ecofeminismo, 83

ecologia, 173-86

ecomarxismo/ecomarxista, 184

educação, 39, 55, 104, 151, 157, 167

Engels, Friedrich, 20, 69n20, 74, 78, 89, 95, 98, 104, 106, 108, 123, 129, 144, 181

escola, 29, 30, 54, 72, 151, 161, 167

escravidão, 28, 66, 70, 93, 98, 139, 141, 145

Estados Unidos, 24, 27, 28, 30, 42, 72, 79, 85, 93, 99, 109, 128-9, 134, 151, 157, 163, 166, 176, 183

Europa, 70, 92, 103, 116, 128-9, 133, 139-40, 158, 182-3

expectativa de vida, 161-2

extrativismo, 186

F

família

abolição da, 54

burguesa, 61

como pilar da produção capitalista, 29, 54

como institucionalização do trabalho não assalariado, 33

como instituição natural, 68-9

como "último refúgio", 57

debates de esquerda sobre, 73

e respeitabilidade masculina, 158

escravidão latente na, 61, 98

função social da, 37, 82, 99

glorificação da, 35-8, 55

luta de classes na, 102

nuclear, 32, 37, 54

papel disciplinar da, 54-5

proletária, 32, 103, 113, 128-9, 137, 157-70

reconstrução pelo capital, 32, 74, 79-80, 128, 166, 168-9

Fanon, Frantz, 93

feminismo anticapitalista, 16, 92

fim do trabalho, 40, 44

fordismo, 80, 104, 166

forma-salário, 68

Foster, John Bellamy, 71, 94, 136-7, 173-5, 180

Fourier, Charles, 61, 73

França, 24, 65, 138-9

fuga industrial/*runaway shop*, 38

Fundo Monetário Internacional (FMI), 110

G

Galtier, Brigitte, 24

gênero

desigualdades de, 61, 79

discriminação de, 97

divisões de/hierarquia de, 119, 122, 142, 148, 152

em Marx, 61-85, 129, 141, 144

identades de, 102

na história do capitalismo, 83

relação entre classe e, 82

relações no capitalismo, 97-8, 100, 129-30

Giménez, Martha, 61-2

Gorz, Andre, 108

Grã-Bretanha, 104n36, 159, 163

Gramsci, Antonio, 25, 55

Grande Depressão, 37

grande indústria, 78, 107, 109, 117, 176

gravidez, 132-3, 163, 165

Guerra Civil dos Estados Unidos, 72, 99, 160

H

Hayden, Dolores, 73, 105

hereges, 116, 118

Hewitt, Margaret, 67, 160, 162, 168, 170

Holloway, John, 122-3

Hugo, Victor, 138

I

Iluminismo, 181

imigrantes, 38, 145

impostos, 34, 38, 66, 184

incêndios, 18, 159

indígenas, povos, 119, 152

Inglaterra, 24, 32, 65-6, 79, 99-100, 102, 104, 110, 129, 131, 133, 139, 142, 147, 157-70, 179-80

Inman, Mary, 151

International Wages for Housework Campaign [Campanha Internacional por Salários para o Trabalho Doméstico]
aspectos financeiros da proposta, 44
ataques da esquerda ao movimento, 23-4, 50, 57
críticas a Marx, 97
definição, 23n*
gênese geográfica, 28
horizonte político, 26-7, 41, 43
horizonte teórico, 64

Inman, Mary, 151

J

Jackson, Stevi, 92

James, Selma, 23-4, 39, 62, 64, 81, 97

jornada de trabalho, 18, 28, 37, 40, 79--80, 103, 159, 165

K

Kopp, Anatole, 53-4

L

Lancashire, 162-3, 166-7

Law, Harriet, 145-7

Lei da Educação, 104n36

Lei do Casamento, 104n36

Lei do Regime de Bens no Casamento [Marriage Property Act], 142

Lênin, 25

libertários, 24

Liverpool, 162

Leopoldina Fortunati, 64, 75, 82, 97, 99, 159

Lopate, Carol, 23, 45-6, 56

Lorde, Audre, 123

Los Angeles, 151

Lown, Judy, 65-7, 136, 143, 161

luta revolucionária,
cooperação para a, 117
donas de casa e, 25, 51-2, 75
e luta anticolonial, 93
e privilégios, 122
precondições da, 152, 177
salário doméstico e, 44, 149
sujeitos/agentes da, 24, 50-2, 65, 149

M

Malthus, 132-3, 151

Manchester, 162, 167

Marshall, Alfred, 77n37, 164-5

maus-tratos aos animais, 175

mercado de trabalho, 34, 74, 80
competição no, 39
divisões no, 38-40

Meyer, Ahlrich, 130, 140-1

Mies, Maria, 83, 97, 100, 120-1, 159

modelo chinês, 52-8

Mojab, Shahrzad, 15-6, 61-2

Monsanto, 185

mortalidade infantil, 134, 162, 165

movimento
  anticolonial, 64
  cartista, 132, 158
  de controle de natalidade, 132
  de cultura livre, 120
  estudantil, 151
  feminista, 15-6, 20, 35, 49, 57, 64, 73, 80, 94, 119, 130, 151
  herege, 116
  indígena, 119, 152
  migratório, 134
  operário, 132, 138, 143, 158
    por justiça social, 119
    pró-vida, 134
  revolucionário da classe trabalhadora, 57, 146, 150
  sindical, 138, 158
  social, 92, 94
  socialista, 49, 130-1, 138, 148, 150, 158

Muntzer, Thomas, 118

N

Negri, Antonio, 75, 91-2, 96, 108-9, 128, 178

negros/negras
  pessoas, 29, 38-9, 45, 102
  revolucionários, 93

New Deal, 80

New Left Review, 51

Novosibirsk, 54

O

Oceano Atlântico, 147

Oceano Índico, 116

Ocidente, 32, 55

Oregon, 18

owenistas, 73

P

Partido Comunista dos Estados Unidos, 151

Partido Social Democrata da Alemanha (SPD), 151

patriarcal/patriarcais,
  controle sobre a vida das mulheres, 61
  do salário, 147
  dominação, 146
  norma, 143
  princípios, 144
  regime, 129, 147
  relações, 17, 63, 130, 142-3, 149

patriarcalismo
  da esquerda, 130, 144
  do capital, 130

Peru, 116

pesticida, 182, 185

poluição, 179

ponto de vista da reprodução social, 92-106

pós-industrial, 108

Primeira Guerra Mundial, 74, 128, 158, 166, 170

Primeira Internacional, 17, 63, 130, 144-8

Primeiras Nações, 182

privatizações, 119

privilégios, 122
  masculinos, 50, 65, 136, 161

procriação, 63, 71, 97, 99, 113, 132-5

proletariado não assalariado, 81

prostitutas, 98, 168-9

Q

quíchuas, 119

quilombolas, 118

R

racismo, 15, 17, 39, 44, 123

revoltas de massa, 140

Revolução Industrial, 65, 70, 99, 148, 158, 164

Robinson, Cedric, 93-4

robôs, 18, 113

romantismo, 179

Rosdolsky, Roman, 96

Ruskin, John, 179-80

Rússia, 53-4, 90

S

salário familiar, 74, 104, 128, 144-9, 158, 166

"salário nominal" e "salário real"
  diferença, 68

Salford, 167

Salleh, Ariel, 83-4, 91, 97, 109, 114, 120

Scott, Joan Wallach, 65, 73

Seccombe, Wally, 51, 67, 75, 128, 144, 150-1, 158-62, 164, 170

Segunda Revolução Industrial, 164

Shiva, Vandana, 120-1

sindicatos, 33, 40, 57, 75, 138, 143, 158, 167, 170, 184

socialismo, 56-7, 84, 92, 122, 173

sociedade pós-capitalista, 78, 95-6, 112

stalinistas, 24

sufrágio feminino, 145

superpopulação, 99, 133-4

T

tempo livre, 37, 72, 108, 159-61, 178

Terceiro Mundo, 25-6, 38, 114

The New York Times, 36

Times, 168

Tomasello, Federico, 138

trabalho alienado, 76, 148n48

trabalho assalariado, 30, 37-8, 69, 83, 93, 100, 136, 138, 141, 143, 151, 158

trabalho de cuidado, 18, 33-7, 67, 85, 95, 97, 104, 113, 121, 152, 162, 167-8, 179

trabalho doméstico
  abolição do, 50, 55, 71
  assalariado/remunerado, 41, 44, 57, 69
  como algo natural, 34, 41, 74, 84, 101, 157

como atividade que produz força de trabalho, 28-30, 64, 69, 81-2, 105
como externo ao capital, 25
como pilar da produção capitalista, 29, 82
como ramo específico da produção capitalista, 31, 103, 128
como trabalho produtivo, 81
como trabalho improdutivo, 81
como traço residual das formas pré--capitalistas de produção, 105
divisão do, 52
em Engels, 104
invisibilidade do, 28
luta contra, 81, 151, 159
marginalidade do, 25
mecanização do, 113
não assalariado/não remunerado, 23n*, 27n4, 34-6, 82, 169
orientação libertária sobre, 56
orientação owenista sobre, 73
orientação trotskista sobre, 56
racionalização do, 26, 43, 50-3, 55
socialização do, 54-5
subsunção real do, 80
visão de Mariarosa Dalla Costa sobre, 81
visão de Marx sobre, 32, 63-4, 68-71, 75, 77-8, 98-9, 101, 103, 105, 132, 137
trabalho escravo/escravidão, 28, 66, 70, 93, 98, 139, 141, 145
trabalho familiar, 69-70, 72, 160
trabalho feminino, 17, 23, 29, 32, 63, 65, 78, 83, 102, 114, 130, 143-4, 147, 165
trabalho imaterial, 152

trabalho industrial, 16, 32, 63, 65, 75-9, 105, 120, 138, 141, 147, 177
trabalho infantil, 32, 65, 67, 141, 144, 160
trabalho livre, 36
trabalho necessário, 18, 56-7, 69, 98n19, 105-7, 111-3, 178-9
trabalho oculto, 28-33
trabalho reprodutivo
    análise por Marx, 63, 68, 71, 74, 77n37, 78, 102-4, 112, 134, 136-8, 152
    como atividade natural, 74
    como produtor de força de trabalho, 28, 102
    e acumulação de capital, 82
    importância estratégica do, 63
    industrialização do, 18, 113
    marginalização política do, 131
    no comunismo, 78
trabalho sexual, 97-8, 113, 168
transição
    ao comunismo, 16, 92
    do mais-valor absoluto para o mais--valor relativo, 80, 103
    Estado de, 121
trotskistas, 24

U
u'wa, 119
Ullrich, Otto, 109, 111

V
Vogel, Lisa, 56

W

W.E.B. Du Bois, 93-4
welfarismo, 39
Woodhull, Victoria, 145-6

Z

zapatistas, 121
Zaretsky, Eli, 49, 56-7
Zetkin, Clara, 151

© Boitempo, 2021
© PM Press, 2020
Título original: *Patriarchy of the Wage: Notes on Marx, Gender, and Feminism*

Direção-geral Ivana Jinkings
Edição Thais Rimkus
Tradução Heci Regina Candiani
Coordenação de produção Livia Campos
Assistência editorial Carolina Hidalgo Castelani e Pedro Davoglio
Preparação Fabiana Medina
Revisão Mariana Zanini
Capa Ronaldo Alves, sobre pintura de Vânia Mignone, *Sem título*, 2020, acrílica e colagem sobre MDF
Projeto gráfico e diagramação Antonio Kehl
Imagens de miolo detalhes de pintura de Vânia Mignone, *Sem título*, 2017, acrílica sobre MDF
Fotografia das pinturas Filipe Berndt

Equipe de apoio Alexander Lima, Artur Renzo, Carolina Mercês, Débora Rodrigues, Elaine Ramos, Frederico Indiani, Heleni Andrade, Higor Alves, Ivam Oliveira, Jessica Soares, Kim Doria, Luciana Capelli, Marina Valeriano, Marissol Robles, Marlene Baptista, Maurício Barbosa, Raí Alves, Tulio Candiotto

CIP-BRASIL. CATALOGAÇÃO NA PUBLICAÇÃO
SINDICATO NACIONAL DOS EDITORES DE LIVROS, RJ

F318p
v. 1
Federici, Silvia, 1942-
O patriarcado do salário : notas sobre Marx, gênero e feminismo, volume 1 / Silvia Federici ; tradução Heci Regina Candiani. - 1. ed. - São Paulo : Boitempo, 2021.

Tradução de: Patriarchy of the wage : notes on Marx, gender, and feminism
Inclui bibliografia e índice
ISBN 978-65-5717-054-0

1. Mulheres e socialismo. 2. Feminismo. 3. Mulheres - Condições sociais.
I. Candiani, Heci Regina. II. Título.

21-69366   CDD: 305.42
            CDU: 330.85-055.2

Leandra Felix da Cruz Candido - Bibliotecária - CRB-7/6135

Esta publicação foi realizada com o apoio da Fundação Rosa Luxemburgo e fundos do Ministério Federal para a Cooperação Econômica e de Desenvolvimento da Alemanha (BMZ). O conteúdo da publicação é responsabilidade exclusiva da editora e não representa necessariamente a posição da FRL.

É vedada a reprodução de qualquer
parte deste livro sem a expressa autorização da editora.

1ª edição: março de 2021

BOITEMPO
Jinkings Editores Associados Ltda.
Rua Pereira Leite, 373
05442-000 São Paulo SP
Tel.: (11) 3875-7250 | 3875-7285
editor@boitempoeditorial.com.br | www.boitempoeditorial.com.br
www.blogdaboitempo.com.br | www.facebook.com/boitempo
www.twitter.com/editoraboitempo | www.youtube.com/tvboitempo

Publicado em março de 2021, dois meses após o início da vacinação contra o coronavírus no Brasil – a primeira dose foi aplicada em Mônica Calazans, mulher, negra, enfermeira da linha de frente no combate à pandemia –, este livro foi composto em Adobe Garamond Pro, corpo 10,5/13,5, e impresso em papel Avena 80 g/m² pela Rettec para a Boitempo, com tiragem de 10 mil exemplares.